# LIVRES

ET

# MANUSCRITS

PARIS
LIBRAIRIE D. MORGAND.
1900

# LIVRES

ET

# MANUSCRITS

La LIBRAIRIE D. MORGAND (Édouard Rahir et Cie), achète les manuscrits, les livres rares et précieux, les livres illustrés, les dessins, les gravures, etc.

Elle publie un *Bulletin Mensuel* qui est adressé aux bibliophiles qui en font la demande.

# LIVRES IMPRIMÉS

ET

# MANUSCRITS

PARIS
LIBRAIRIE DAMASCÈNE MORGAND
ÉDOUARD RAHIR ET Cie
Libraires de la Société des Bibliophiles françois
55, PASSAGE DES PANORAMAS

MAI 1900

Ce Catalogue renferme un petit nombre de numéros, mais tous sont remarquables, soit par le texte, soit par l'illustration, soit par la reliure.

Ils proviennent des bibliothèques les plus célèbres dispersées depuis vingt ans en France et à l'étranger.

A notre époque, alors que les beaux livres sont de plus en plus disséminés dans le monde entier, et que leur recherche devient si difficile, la publication d'un tel Catalogue est une occasion des plus favorables pour les amateurs soucieux d'augmenter leur collection de quelques volumes d'une rare qualité.

## 1. MANUSCRITS.

1. Evangéliaire. *S. l. n. d.* (*IX*e *siècle*), in-8, soie bleue. (*Rel. anc.*) 5000 »

Manuscrit sur vélin de 215 ff., il est orné de 4 grandes peintures représentant les Evangélistes et de colonnes avec arcs et ornements aux 18 pages du canon.

Ces peintures sont probablement l'œuvre d'un artiste de l'école anglo-saxonne.

2. Horæ beatæ Virginis Mariæ. (*XIII*e *siècle*), pet. in-4, mar. rouge, dent. (*Rel. anc.*) 4000 »

Manuscrit sur vélin de 148 ff., orné de 24 miniatures exécutées par un artiste de l'école anglo-normande. Les marges sont découpées à jour d'une façon curieuse.

3. Distiques de Caton avec commentaire de Philippe de Bergame. *S. l. n. d.* (*XIV*e *siècle*), in-fol., veau. (*Rel. anc.*) 1800 »

Manuscrit sur vélin de 332 ff. ; il est orné

de 4 miniatures; la première, assez importante, est comprise dans une large bordure.

4. SOPHOLOGE DE SAPIENCE, autrement appelé de bonne mœurs, par J. Le Grant. *S. l. n. d.* (*XIV^e^ siècle*), in-4. 1500 »

Manuscrit sur VÉLIN de 56 ff. Au 2^e^ feuillet, très belle miniature dans un très bel encadrement.

5. LIVRE DU GOUVERNEMENT des rois et des princes et des secrets d'Aristote. *S. l. n. d.* (*XIV^e^ siècle*), in-4. 750 »

Manuscrit sur VÉLIN de 23 ff. Belle miniature au 2^e^ feuillet; l'auteur offrant son livre au roi de France.

6. SENECA TRAGŒDIÆ. *S. l. n. d.* (*XIV^e^ siècle*), pet. in-fol., mar. brun, clous, fermoirs. (*Rel. anc.*) 1500 »

Manuscrit sur VÉLIN de 218 ff. exécuté en Italie. Il comprend les 10 tragédies de Senèque. Initiales peintes et vignettes à la plume.

7. LA GUIDE DU PEUPLE D'ISRAEL en hébreu. *S. l. n. d.* (*XIV^e^ siècle*), rel. en bois incrustée d'ivoire. (*Rel. anc.*) 2500 »

Manuscrit sur VÉLIN de 150 ff. exécuté à Avignon; il est orné de 27 petites peintures attribuées à Giotto. Il porte dans les peintures et parmi les ornements de la reliure les armoiries et initiales de GALEOTTO MALATESTA.

8. BIBLIA SACRA. (*Metz*, 1446), 3 vol. in-fol., veau. (*Rel. anc.*) 3000 »

Manuscrit sur VÉLIN en 708 feuillets, calligraphié par Jean Beau Robert, moine du couvent des Célestins de Metz.

Nombreuses et belles lettres ornées de différentes dimensions.

9. POSTILLA fratris Nic. de Lyra super Vetus Testamentum. *S. l.*, 1467, in-fol., mar. brun, orn. (*Belz-Niedrée.*) 2500 »

Manuscrit sur VÉLIN de 265 ff. exécuté dans le nord de la France par J. Aveloos. Ce commentaire s'applique aux premiers livres de la Bible, de la *Genèse* au livre des *Rois*.

Orné de bordures et d'encadrements de fleurs à 5 pages différentes, de 18 miniatures, dont une au début à 3 compartiments est très remarquable, et de nombreuses initiales.

10. HEURES MANUSCRITES. *S. l. n. d.* (*XVe siècle*), in-4, mar. rouge. (*Rel. anc.*) 6000 »

Manuscrit sur VÉLIN de 218 ff., exécuté en France. 49 miniatures de diverses dimensions. Bordures et arabesques à chaque page.

11. HEURES MANUSCRITES. *S. l. n. d.* (*XVe siècle*), in-4, mar. rouge, dorures. (*Rel. anc.*) 3800 »

Manuscrit sur VÉLIN de 111 ff. Il est orné de 14 grandes miniatures et de belles bordures. Reliure du XVIIe siècle dans le genre de *Le Gascon*.

12. HEURES MANUSCRITES. *S. l. n. d.* (*XV$^e$ siècle*), gr. in-8, mar. rouge, enc. (*Rel. anc.*) 3500 »

Manuscrit flamand sur VÉLIN comprenant 96 ff., orné de 45 peintures tant grandes que petites.

13. HEURES de la Vierge. *S. l. n. d.* (*XV$^e$ siècle*), in-8, veau. (*Rel. anc.*) 3500 »

Manuscrit sur VÉLIN de 196 ff. Orné de 15 belles miniatures exécutées par un artiste français.

14. HORE beatæ Marie Virginis. (*XV$^e$ siècle*), in-8, mar. rouge. (*Rel. anc.*) 2500 »

Manuscrit sur VÉLIN de l'école de Touraine comprenant 272 ff. dont 10 blancs; il est orné de 12 très jolies miniatures d'une exécution très remarquable.

15. OFFICE de la Vierge Marie. *S. l. n. d.* (*XV$^e$ siècle*), in-8, velours rouge, fermoirs et chiffre. (*Rel. anc.*) 7500 »

Manuscrit sur VÉLIN de 149 ff. exécuté en Italie, probablement à Venise.

Orné de 5 pages richement décorées avec miniatures et bordures, de lettres ornées avec peintures et de bordures.

De la bibliothèque de l'impératrice MARIE-THÉRÈSE D'AUTRICHE.

16. MISSEL selon l'usage des Frères Mineurs.

*S. l. n. d.* (*France, XV^e siècle*), in-fol., veau. (*Rel. anc.*) 3800 »

Manuscrit sur VÉLIN de 260 ff. Il est orné de 8 miniatures d'une exécution très soignée de belles bordures avec ornements et feuillages et de lettres ornées.

Diverses bordures portent des armoiries peintes qui sont celles de JEAN II d'Aragon, roi de Navarre et de Jeanne, fille de l'Amirante de Castille, qu'il épousa en 1444. Il mourut en 1470.

17. PSAUTIER à l'usage de la Chartreuse du Mont Dieu. (Ardennes). *S. l.*, 1480, in-8, mar. brun, doublé de mar. rouge, ornements. (*Capé.*) 3000 »

Manuscrit sur VÉLIN de 252 feuillets. Il a été écrit en 1480 à la Chartreuse de Mont Dieu par G. Joret pour le prieur Louis de Busco.

Deux très belles miniatures et de nombreuses lettres initiales avec animaux et fleurs.

18. LES CENT HISTOIRES DE TROYE et l'épitre de Othea à Hector de Troye, par Christine de Pisan. *S. l. n. d.* (*XV^e siècle*), in-4, mar. rouge. (*Rel. anc.*) 4000 »

Manuscrit sur VÉLIN de 52 feuillets orné de 100 miniatures en grisaille.

19. L'ARBRE DES BATAILLES, par H. Bonnor. *S. l. n. d.* (*XV^e siècle*), pet. in-fol., velours rouge. 1000 »

Manuscrit sur VÉLIN de 123 ff. A la première

page, comprise dans une bordure avec fleurs et arabesques, une belle miniature représentant le translateur présentant son livre au roi Charles VI.

20. CHRONIQUES de Jean Martin le Polonais, dites Chroniques Martiniennes (traduites du latin par Seb. Mamerot). *S. l. n. d.* (*XVe siècle*), in-fol., veau. 25000 »

Manuscrit sur VÉLIN de 236 ff., exécuté pour JACQUES d'ARMAGNAC, DUC DE NEMOURS, décapité en 1477 par ordre de Louis XI.

Orné de 24 grandes miniatures d'une belle exécution ; quelques-unes consacrées à des sujets historiques du moyen-âge sont précieuses pour l'histoire de France et l'histoire d'Angleterre.

Ce manuscrit a aussi appartenu à MARIE DE CLÈVES, mère du roi Louis XII.

21. CHRONIQUES du roi Charles VI, de Juvénal des Ursins et Chroniques de Charles VII, par Gilles Bouvier dit Berry. *S. l. n. d.* (*XVe siècle*), in-fol., velours rouge. (*Rel. anc.*) 2000 »

Manuscrit sur VÉLIN de 303 ff. Orné de deux peintures comprises dans des bordures portant les chiffres et armoiries de François de ROCHECHOUART et de Blanche d'AUMONT sa femme.

22. HEURES MANUSCRITES. *S. l. n. d.* (*Premier quart du XVIe siècle*), in-8, couvert en galuchat, fermoirs. (*Rel. anc.*) 25000 »

Manuscrit sur VÉLIN de 154 ff. ; il est orné de 65 miniatures extrêmement remarquables, dont

18 grandes, et 12 de moyenne dimension au calendrier.

Les peintures sont l'œuvre de l'artiste qui a orné le célèbre livre de prières de Henri II conservé à la Bibliothèque Nationale.

En regard du premier feuillet une très belle peinture attribuée à *Jean Cousin*, avec les armoiries de HENRI III, alors duc d'Anjou.

Fermoirs en or avec chiffres de J.-Ch. Louis d'ORLÉANS, fils de la duchesse de LONGUEVILLE.

23. HEURES MANUSCRITES calligraphiées par Antoine Van Damme. *Bruges*, 1531, in-16, velours rouge, enveloppe en argent niellé. 30000 »

Ravissant manuscrit sur VÉLIN de 129 ff. Il est orné de 32 grandes peintures exécutées par les meilleurs artistes de l'école de Bruges, peut-être par *Gérard David*.

Plusieurs miniatures sont semblables à celles qui ornent le fameux Bréviaire Grimani conservé à Venise.

Le calendrier est compris dans de jolies bordures à sujets : les pages en regard des miniatures sont aussi entourées de bordures avec fleurs, fruits et oiseaux.

24. LIVRE D'HEURES de François II. (*Paris*, 1555), in-8, mar. bleu. (*Trautz-Bauzonnet.*) 10000 »

Manuscrit sur VÉLIN de 122 ff., exécuté pour le roi FRANÇOIS II dont les armoiries sont peintes en différents endroits. Orné de 23 grandes miniatures par un excellent artiste de la Renaissance.

25. La Vie, mort et miracles du glorieux Saint Jérôme. *S. l. n. d.* (*commencement du XVIe siècle*), in-fol., velours rouge. (*Rel. anc.*) 4000 »

Manuscrit sur vélin de 148 ff. Orné de 5 grandes et belles miniatures d'une exécution très soignée. Nombreuses initiales.

26. Itinéraires à suivre pour aller du Portugal dans les Indes. — Renseignements sur divers pays de la côte africaine. *S. l. n. d.* (*XVI[e] siècle*), in-4, mar. vert, dorures. (*Rel. anc.*) 2500 »

Curieux manuscrit en portugais ayant appartenu au célèbre voyageur André Thevet.

Superbe reliure à la *fanfare* d'une remarquable conversation.

27. Le Commun des Saints. Manuscrit de Jarry. *Paris*, (*XVII[e] siècle*), pet. in-fol., mar. bleu, dentelles. (*Rel. anc.*) 5000 »

Sur vélin. Deux grandes peintures. Reliure avec larges dentelles aux armes du roi Louis XV.

28. L'Exercice de la Sainte-Messe, et l'Office de la Vierge. *Paris, N. Jarry*, 1663, in-12, velours bleu, fermoirs. (*Rel. anc.*) 5000 »

Chef-d'œuvre de calligraphie de *Jarry*. Orné de vignettes en-têtes, de lettres initiales et de 4 miniatures à pleine page par *Du Guernier*.

29. Liber ad usum D. Decani Ecclesiæ Ambianensis. *Amiens*, 1752, in-fol., mar. bleu, dent. (*Rel. anc.*) 2000 »

Manuscrit de *J. Delacourt* présenté à Guillaume de l'Estocq, doyen et grand vicaire d'Amiens, dont les armes sont frappées au milieu des riches dorures qui ornent les plats.

30. Observations sur le rétablissement des Présidiaux. 1787. In-fol., mar. rouge, larges dentelles. (*Rel. anc.*) 2000 »

Manuscrit présenté à Lamoignon, dans un portefeuille avec riches dorures et armoiries en mosaïque du chancelier.

31. Les Poèmes du persan Khamséhi Nizami. *XVI^e siècle*, in-fol., reliure peinte. (*Rel. anc.*) 1000 »

Manuscrit persan sur papier de riz orné de 26 grandes et belles miniatures. Les poèmes sont au nombre de cinq, l'un d'eux est consacré à l'histoire d'Alexandre le Grand.

## 2. OUVRAGES DE LITTÉRATURE ANCIENNE ET MODERNE.

32. L'Iliade et l'Odyssée d'Homère, traduction nouvelle par M. Bitaubé. *Paris,* 1780-1785, 6 vol. in-8, mar. rouge. (*Rel. anc.*) 2500 »

Exemplaire relié par *Derome*. Etat de neuf.

33. Aristophanis Comœdiæ novem (græce). *Venise, Alde,* 1498, in-fol., vélin doré. (*Rel. anc.*) 750 »

Première édition. Exemplaire exceptionnel dans sa première reliure.

34. Publii Virgilii Maronis Bucolica, Georgica et Æneis. *Paris, Didot,* 1791, in-fol., demi-rel. mar. (*Rel. anc.*) 1000 »

Exemplaire imprimé sur Peau de vélin. Chef-d'œuvre de typographie.

35. P. Virgilii Maronis Opera. *Leyde, les*

*Elzevier*, 1636, in-12, mar. rouge doublé. (*Rel. anc.*) 2000 »

Un des chefs-d'œuvre typographiques des *Elzevier*. Excellente reliure de *Boyet*.

36. Q. Horatii Flacci... pœmata omnia. *Paris,* 1580, in-12, mar. vert, doré en plein. (*Rel. anc.*) 3000 »

Dans le même volume les œuvres de Juvenal, Perse, Catulle, Tibulle, Properce et Martial.

Reliure avec les dorures, insignes, devise, attribuées à Marguerite de Valois, la première femme de Henri IV.

37. Ciceronis Opera. *Leyde, Les Elzevier,* 1642, 10 vol. in-12, mar. vert, dent. (*Rel. anc.*) 800 »

Un des livres recherchés de la collection elzévirienne.

Exemplaire de Renouard, relié par *Derome*.

---

38. Le Rommant de la Rose. *Paris, J. du Pré*, (1495), mar. mosaïqué. (*Marius-Michel.*) 3500 »

Une des premières éditions imprimées à Paris. Nombreuses figures. Riche reliure.

39. Le Rommant de la Rose. Codicille et Testament de maistre Jehan de Meun. *Paris, Verard,* (1500), in-4 gothique,

figures, mar. doublé. (*Trautz-Bauzonnet.*) 1800 »

40. LE ROMMANT DE LA ROSE. *Paris, Galliot du Pré*, 1529, 2 vol. in-12, mar. rouge. (*Rel. anc.*) 1000 »

Célèbre édition imprimée en lettres rondes, publiée par Clément Marot.

41. MAISTRE PIERRE PATHELIN. *Paris, Pierre le Caron* (1495 à 1500), in-4, fig., mar. mosaïqué et doublé. (*Niedrée.*) 3000 »

Une des premières et précieuses éditions de ce chef-d'œuvre dramatique. Ravissante reliure en mosaïque. Quatre feuillets sont d'une impression différente. Cet exemplaire est le seul cité.

42. MAISTRE PIERRE PATHELIN. — Le Testament Pathelin. — *Paris, XVI^e^ siècle*, en un vol. in-12, mar. doublé. (*Bauzonnet.*) 1500 »

Éditions imprimées par *G. Nyverd* dans les premières années du XVIe siècle. Figures sur les titres.

43. LES CENT NOUVELLES NOUVELLES. *Paris, veuve Jehan Trepperel et Jehan Jehannot, s. d.*, in-4, goth., fig., mar. doublé. (*Niedrée.*) 2000 »

Un des plus anciens monuments de la littérature française.

Cette édition, publiée vers 1515, est classée dans les premières. Reliure en mosaïque.

44. Les Cent Nouvelles. *Lyon, Olivier Arnoullet, s. d.,* in-4, goth., mar. citron. (*Rel. anc.*) 1800 »

Cette belle édition imprimée vers 1530 contient de curieuses figures.

45. Les Œuvres de maistre Françoys Villon. *Paris, Galliot du Pré,* 1532, in-16, mar. citron, comp. de mosaïque, doublé de mar. bleu, dorures. (*Cuzin.*) 3500 »

Texte primitif des œuvres du poète.
Riche reliure en mosaïque.

46. Le Triumphant mystère des actes des apôtres (des frères Gréban). *Paris,* 1537, in-fol. goth., mar. rouge. (*Rel. anc.*) 500 »

Première édition de ce monument de l'ancienne littérature dramatique.

47. L'homme pécheur par personnages joué en la ville de Tours. *Paris,* 1508, in-fol. gothique, mar. doublé. (*Trautz-Bauzonnet.*) 1250 »

Un des bons mystères représentés au moyen-âge.

48. Gargantua et Pantagruel de Rabelais. *Valence, Claude La Ville,* 1547, 3 part. en un vol. in-12, mar. bleu. (*Trautz-Bauzonnet.*) 1800 »

Quoique formée de trois volumes séparés, on

peut considérer cette édition comme la première collective des trois premiers livres du roman.

49. LES ŒUVRES DE M. FRANÇOIS RABELAIS. (*Paris*), 1556, in-16, mar. doublé. (*Mercier.*) 1000 »

Deuxième édition collective contenant quatre livres. Riche reliure en mosaïque.

50. LES ŒUVRES DE M. FRANÇOIS RABELAIS. *Amsterdam, Elzevier*, 1663, 2 vol. in-12, mar. bleu, dentelles. (*Rel. anc.*) 750 »

Reliure de *Derome*.

51. LES ŒUVRES DE M. FRANÇOIS RABELAIS. *Amsterdam, Elzevier*, 1663, 2 vol. in-12, mar. rouge, doublé de mar. bleu. (*Trautz Bauzonnet.*) 500 »

52. ŒUVRES DE MAITRE FRANÇOIS RABELAIS. *Amsterdam*, 1711, 5 vol. in-8, portr. et pl., mar. rouge. (*Trautz-Bauzonnet.*) 750 »

Première édition critique publiée par Le Duchat. Exemplaire tiré sur GRAND PAPIER dans une excellente reliure.

53. LES ŒUVRES DE CLÉMENT MAROT, de Cahors. *Lyon*, 1544, in-8, mar. rouge. (*Rel. anc.*) 1500 »

Édition définitive publiée l'année de la mort de l'auteur.

54. LES ŒUVRES DE CLÉMENT MAROT. *La*

*Haye, Moetjens*, 1700, 2 vol. in-12, mar. bleu, doublé de mar. rouge. (*Rel. anc.*) 2000 »

Jolie édition elzévirienne. Très-belle reliure de *Padeloup*.

55. LES ŒUVRES DE CLÉMENT MAROT. *La Haye, Moetjens*, 1700, 2 vol. in-12, mar. rouge, *non rognés*. (*Trautz-Bauzonnet.*) 500 »

Exemplaire *non rogné*.

56. LES ŒUVRES DE P. DE RONSARD, gentilhomme Vandomois. *Paris, G. Buon*, 1567, 6 vol. in-4, mar. brun, feuillages, doublés de mar. vert, guirlande de feuillages. (*Cuzin.*) 3500 »

PREMIÈRE ÉDITION COLLECTIVE des Œuvres de Ronsard. Riche reliure.

57. ŒUVRES DE P. DE RONSARD. *Paris*, 1597, 6 vol. in-12, mar. rouge. (*Trautz-Bauzonnet.*) 750 »

Édition avant les modifications faites par Ronsard « pour cause de devotion ».

58. LES ŒUVRES FRANÇOISES DE J. DU BELLAY. *Rouen*, 1597, in-12, mar. vert, fil. (*Rel. anc.*) 500 »

Exemplaire de DESPORTES avec son chiffre sur le dos de la reliure.

59. EUVRES DE LOUISE LABÉ, lionnoize. *Lyon,* 1556, in-8, mar. rouge, dorures. (*Trautz-Bauzonnet.*) 1000 »

Un des plus curieux recueils de poésies du XVIe siècle, œuvre de la célèbre Muse lyonnaise.

60. MARGUERITES DE LA MARGUERITE DES PRINCESSES, très illustre royne de Navarre. *Lyon, Jean de Tournes,* 1547, in-8, veau, comp. de mosaïque. (*Rel. anc.*) 1800 »

PREMIÈRE ÉDITION de ces poésies ; elles sont illustrées de jolies figures sur bois par *Bernard Salomon.*

61. LES DIVERSES POÉSIES DU SIEUR DE LA FRESNAIE VAUQUELIN. *Caen,* 1612, in-8, mar. doublé. (*Trautz-Bauzonnet.*) 1250 »

Ces poésies d'un auteur normand du XVIe siècle, sont justement recherchées.

62. RECUEIL DES ŒUVRES POÉTIQUES DE J. BERTAUT. *Paris,* 1605, in-8, mar. vert, semis. (*Rel. anc.*) 1500 »

Exemplaire de PH. DESPORTES, avec son chiffre couvrant le dos et les plats du volume.

63. ESSAIS DE MESSIRE MICHEL SEIGNEUR DE MONTAIGNE. *Bordeaux,* 1580, in-8, mar. doublé. (*Trautz-Bauzonnet.*) 2000 »

**ÉDITION ORIGINALE. L'ouvrage ne comprenait alors que deux livres.**

64. Les Essais de Michel seigneur de Montaigne. *Paris*, 1595, in-fol., mar. vert. (*Rel. anc.*) 2000 »

Édition définitive publiée par Mlle de Gournay. Exemplaire dans sa première reliure.

65. Les Œuvres de François de Malherbe. *Paris*, 1630, in-4, maroquin doublé. (*Cuzin.*) 500 »

Édition originale.

66. Les Œuvres de M^re^ François de Malherbe. *Paris*, 1638, in-4, mar. rouge, dorures. (*Rel. anc.*) 500 »

Reliure au pointillé par *Le Gascon*.

67. Œuvres de P. Corneille. *Paris*, 1644, in-12, mar. doublé. (*Trautz-Bauzonnet.*) 1500 »

Première édition collective contenant les 8 premières pièces de l'auteur de *Mélite* à l'*Illusion comique*.

Riche reliure de *Trautz*.

68. Œuvres de Corneille. *Paris*, 1648, 2 vol. in-12, mar. doublé. (*Trautz-Bauzonnet.*) 2500 »

Deuxième édition collective, la première qui contienne réunis les chefs-d'œuvre de l'auteur : *Le Cid*, *Horace*, *Cinna*, *Polyeucte*, *Le Menteur*, etc.

Riche reliure.

69. LE THÉATRE DE PIERRE ET DE THOMAS CORNEILLE. *Paris,* 1664-1666, 6 vol. in-8, mar. vert. (*Rel. anc.*) 2000 »

Édition célèbre, contenant la plupart des œuvres de l'auteur avec texte révisé et modifié.

70. LE THÉATRE DE P. CORNEILLE. *Paris,* 1682, 4 vol. pet. in-8, mar. rouge. (*Rel. anc.*) 2000 »

Édition des plus importantes, la dernière publiée du vivant de l'auteur, donnant le texte définitif de ses œuvres.

71. LE CID, tragi-comédie (par P. Corneille). *Paris,* 1637, in-4, maroquin doublé. (*Cuzin.*) 6000 »

ÉDITION ORIGINALE de ce chef-d'œuvre classique. Sa rareté est extrême.

72. LES ŒUVRES DE MONSIEUR MOLIÈRE. *Paris,* 1666, 2 vol. pet. in-8, front., mar. rouge. (*Chambolle-Duru.*) 1200 »

Première édition collective.

73. LES ŒUVRES DE M. MOLIÈRE. *Paris,* 1673, 7 vol. pet. in-8, mar. rouge. (*Rel. anc.*) 4000 »

Édition précieuse formée par le libraire à l'aide de deux volumes (tomes 1 et 2) en éditions collectives et des pièces séparées en éditions originales ou en réimpressions, réunies sous des titres collectifs.

Sur les 14 pièces séparées formant les tomes 3 à 7, 8 comédies, dont le *Misanthrope*, l'*Avare*, les *Femmes savantes*, sont en ÉDITIONS ORIGINALES. Un des titres est à la date de 1668.

74. LES ŒUVRES DE M. DE MOLIÈRE. *Paris*, 1674-1675, 7 vol. pet. in-8, mar. doublé. (*Cuzin.*) 1500 »

Édition préparée par Molière publiée peu de temps après sa mort.

75. ŒUVRES DE M. DE MOLIÈRE. *Paris*, 1682, 8 vol. in-8, mar. rouge. (*Rel. anc.*) 8000 »

Première édition complète publiée après la mort de l'auteur par Vinot et La Grange.

76. COMÉDIES DE MOLIÈRE. *Paris*, 1660-1673, 22 vol. in-12, mar. 20000 »

Collection complète des pièces de Molière publiées séparément, en ÉDITIONS ORIGINALES. 16 pièces sont reliées par *Trautz-Bauzonnet*.

77. LE MISANTHROPE. Comédie par J. B. P. de Molière. *Paris*, 1667, in-12, mar. rouge. (*Trautz-Bauzonnet.*) 1000 »

ÉDITION ORIGINALE du chef-d'œuvre de Molière.

78. ŒUVRES DE RACINE. *Paris*, 1676, 2 vol. in-12, fig., mar. rouge. (*Rel. anc.*) 2500 »

Première édition collective des œuvres de Racine, comprenant les 10 premières pièces de l'auteur. Très-rare en ancienne reliure.

79. Les Œuvres de Racine. *Paris,* 1676, 3 vol. pet. in-8, mar. doublé. (*Thibaron-Joly.*) 1000 »

Première édition collective ; le troisième volume est formé des éditions originales d'Esther et d'Athalie, en sorte que ces volumes contiennent toutes les œuvres de l'auteur.

80. Œuvres de Racine. *Paris,* 1697, 2 vol. pet. in-8, maroquin doublé. (*Chambolle-Duru.*) 300 »

Édition collective complète, la dernière publiée du vivant de l'auteur.

81. Tragédies et Comédies de Jean Racine. *Paris,* 1664-1692, 12 vol. in-12, mar. 3000 »

Collection complète des pièces de théâtre de Racine en éditions originales.

82. Athalie, tragédie tirée de l'Écriture sainte, par Racine. *Paris,* 1691, in-4, mar. rouge. (*Rel. anc.*) 2500 »

Édition originale. Exemplaire aux armes du comte du Toulouse.

83. Fables choisies mises en vers par M. de La Fontaine. *Paris,* 1668, in-4, mar. doublé. (*Trautz-Bauzonnet.*) 1200 »

Édition originale.

84. Fables choisies, mises en vers par

M. de La Fontaine. Paris, 1678-1679-1694, 5 vol. in-12, fig., mar. rouge. (*Trautz-Bauzonnet.*) 750 »

Première édition complète des *Fables*.

85. FABLES CHOISIES DE LA FONTAINE. *La Haye*, 1688-1694, 2 vol. in-12, mar. rouge, dent. (*Bradel-Derome.*) 1000 »

Figures de *H. Cause*.

86. CONTES DE LA FONTAINE. *Paris et Mons*, 1665-1674, 4 vol. in-12, mar. bleu. (*Trautz-Bauzonnet.*) 3000 »

ÉDITION ORIGINALE des *Contes* de la Fontaine. Rarissime.

87. ZAYDE, histoire espagnole par Mme de La Fayette. *Paris*, 1670, 2 vol. in-8, mar. rouge. (*Rel. anc.*) 800 »

ÉDITION ORIGINALE. Exemplaire aux armes de la PRINCESSE PALATINE, deuxième femme de Monsieur et mère du Régent.

88. LA PRINCESSE DE CLÈVES, par Mme de La Fayette. *Paris*, 1678, 2 vol. in-12, mar. orange. (*Trautz-Bauzonnet.*) 500 »

ÉDITION ORIGINALE.

89. LES ŒUVRES de M[r] D*** R. (Regnard). *Paris*, 1698, in-12, mar. bleu. (*Trautz-Bauzonnet.*) 1200 »

Premier essai de publication sous le titre

d'Œuvres contenant 7 pièces, dont le *Joueur*, en ÉDITIONS ORIGINALES réunies sous un titre collectif.

90. LES ŒUVRES DE M. REGNARD. *Paris*, 1708, 2 vol. pet. in-8, mar. citron. (*Trautz-Bauzonnet.*) 500 »

Première édition collective, complétée par les éditions originales du *Légataire* et de la *Critique du Légataire*.

91. RÉFLEXIONS OU SENTENCES ET MAXIMES MORALES, par La Rochefoucauld. *Paris*, 1665, in-12, front., mar. rouge. (*Bauzonnet-Trautz.*) 400 »

ÉDITION ORIGINALE.

92. PENSÉES DE M. PASCAL sur la religion. *Paris*, 1670, im-12, mar. rouge. (*Rel. anc.*) 1500 »

ÉDITION ORIGINALE. Rarissime en vieux maroquin.

93. PENSÉES DE M. PASCAL sur la religion. *Paris*, 1734, in-12, mar. rouge. (*Rel. anc.*) 1500 »

Aux armes de Louise-Elisabeth de Condé, princesse de CONTI.

94. LES CARACTÈRES DE THEOPHRASTE avec les caractères de La Bruyère. *Paris*, 1750, 2 vol. pet. in-8, mar. citron, dent. (*Rel. anc.*) 500 »

Reliure de *Derome*.

95. Discours sur l'Histoire universelle par J.-B. Bossuet. *Paris,* 1681, in-4, mar. rouge. (*Rel. anc.*) 1000 »

Édition originale. Exemplaire en grand papier.

96. Histoire des Variations des Églises protestantes par J.-B. Bossuet. *Paris,* 1688, 2 vol. in-4, mar. rouge. (*Rel. anc.*) 7500 »

Édition originale. Exemplaire aux armes de Bossuet.

97. Histoire des Variations des Eglises protestantes par J.-B. Bossuet. *Paris,* 1688, 2 vol. in-4, mar. rouge. (*Rel. anc.*) 2000 »

Édition originale. Exemplaire aux armes du président Harlay de Beaumont.

98. Oraison funèbre de Louis de Bourbon, prince de Condé, par J.-B. Bossuet. *Paris,* 1687, in-4, mar. noir. (*Rel. anc.*) 1000 »

Édition originale du chef-d'œuvre oratoire de Bossuet. Exemplaire tiré sur grand papier.

99. L'Esprit des Lois par Montesquieu. *Genève, s. d.* (1749), 2 tomes en un vol. in-4, mar. vert, dent. (*Rel. anc.*) 2500 »

Édition originale. Exemplaire relié par *Padeloup.*

100. CHANSONS MORALES ET AUTRES par Béranger. *Paris*, 1816, in-16, mar. doublé. (*Marius-Michel.*) 600 »

ÉDITION ORIGINALE, exemplaire *non rogné*, dessins originaux du frontispice et du titre ajoutés. Riche reliure.

101. MÉDITATIONS POÉTIQUES par Lamartine. *Paris*, 1820, in-8, maroquin doublé. (*Lortic.*) 300 »

ÉDITION ORIGINALE.

102. LES ORIENTALES, par V. Hugo. *Paris*, 1829, in-8, mar. rouge. (*Cuzin.*) 200 »

ÉDITION ORIGINALE.

103. NOTRE-DAME DE PARIS par V. Hugo. *Paris*, 1831, 2 vol. in-8, mar. rouge. (*Cuzin.*) 400 »

ÉDITION ORIGINALE.

104. SPECTACLE DANS UN FAUTEUIL. (Vers et Prose) par A. de Musset. *Paris*, 1833-1834, 3 vol. in-8, *brochés*. 500 »

ÉDITIONS ORIGINALES.

105. CONTES D'ESPAGNE ET D'ITALIE par A. de Musset. *Paris*, 1830, in-8, mar. rouge. (*Amand.*) 500 »

ÉDITION ORIGINALE. Exemplaire *non rogné*. Amusante lettre intime adressée à Sainte-Beuve ajoutée.

106. NOUVELLES, par Alfred de Musset. *Paris,* 1840, 2 vol. in-8, mar. rouge. (*Chambolle-Duru.*) 300 »

ÉDITION ORIGINALE. Exemplaire *non rogné.*

107. POÉSIES de Th. Gautier. *Paris,* 1830, in-8, mar. doublé. (*Marius-Michel.*) 650 »

PREMIÈRE ÉDITION. Exemplaire *non rogné.* Riche reliure dorée en plein.

108. MADEMOISELLE DE MAUPIN, par Th. Gautier. *Paris,* 1835, 2 vol. in-8, mar. bleu. (*Cuzin.*) 800 »

ÉDITION ORIGINALE. Exemplaire *non rogné.*

109. MOSAÏQUE, par P. Mérimée. *Paris,* 1833, in-8, mar. rouge. (*Cuzin.*) 180 »

ÉDITION ORIGINALE. Exemplaire *non rogné.*

110. CARMEN, par P. Mérimée. *Paris,* 1846, in-8, mar. rouge. (*Cuzin.*) 250 »

ÉDITION ORIGINALE. Exemplaire *non rogné.*

111. MADAME BOVARY, par Gustave Flaubert. *Paris,* 1857, in-8, mar. bleu. (*Cuzin.*) 400 »

ÉDITION ORIGINALE. GRAND PAPIER.

---

112. LA DIVINA COMEDIA di Dante Alighieri.

*Venise, Vendelin de Spire,* 1477, in-fol. gothique, peau de truie. 650 »

Première édition avec le commentaire de Benvenuto da Imola.

113. LE TERZE RIME di Dante. *Venise, Alde,* 1502, in-8, mar. rouge. (*Bauzonnet.*) 300 »

Une édition importante de Dante et un des premiers volumes d'Alde imprimé avec leurs caractères italiques ; c'est aussi le premier où se trouve la marque de l'ancre et du dauphin.

114. DANTE CON NUOVE ET UTILI ISPOSITIONI. *Lyon*, 1571, in-16, fig., mar. vert, doré en plein. (*Rel. anc.*) 3000 »

Cet exemplaire, dans une riche reliure à feuillages, porte des emblèmes et devises qui sont considérés comme étant ceux de la reine MARGUERITE DE VALOIS.

115. IL PETRARCA CON NUOVE SPOSITIONI. *Lyon,* 1574, in-16, fig., mar. vert, doré en plein. (*Rel. anc.*) 3000 »

Reliure à feuillages avec emblèmes de la reine MARGUERITE DE VALOIS.

116. ORLANDO FURIOSO DI M. Lodovico Ariosto. *Venise,* 1584, 2 vol. in-4, mar. rouge, dent. (*Rel. anc.*) 1500 »

Aux armes de la marquise de POMPADOUR.

117. IL INGENIOSO HIDALGO DON QUIXOTE DE

LA MANCHA par M. de Cervantes. *Madrid*, 1780, 4 vol. in-4, fig., mar. rouge. (*Derome*.) 1000 »

La plus belle édition qui ait été publiée.

118. ROMANCERO GENERAL. *Madrid*, 1614. — Segunda parte del Romancero general. *Valladolid*, 1605. 2 vol. in-4, mar. doublé. 2000 »

Un des plus précieux recueils pour l'étude de l'ancienne littérature espagnole.

119. THE HISTORY OF TOM JONES, by H. Fielding. *Paris, Didot*, 1780, 4 vol. in-8, dentelles. (*Rel. anc.*) 1000 »

La plus belle édition de ce roman.
Riche reliure de *Derome*.

## 3. OUVRAGES DE DIFFÉRENTS GENRES.

CURIOSITÉS TYPOGRAPHIQUES, LITTÉRAIRES, HISTORIQUES. OUVRAGES SUR LES SPORTS, SUR LA TOPOGRAPHIE, SUR LA DÉCORATION, LES VOYAGES, ETC.

120. OFFICIUM beate Marie Virginis. *Venise, Jenson,* 1474, pet. in-8, mar. rouge, orn. (*Rel. anc.*) 2500 »

Une des plus remarquables productions typographiques de *Jenson.*

Exemplaire imprimé sur VÉLIN orné de 21 bordures et de 8 figures et lettres ornées peintes en miniatures.

121. LA SOMME RURALE de Jehan Boutillier. *Bruges,* 1479, in-fol. goth., veau. 5000 »

Précieux spécimen des impressions de *Colard Mansion*, le celèbre typographe brugeois.

122. LIVRE TRÈS SALUTAIRE DE L'IMITATION DE JÉSUS-CHRIST. *Toulouse*, *Mayer*, 1488, in-4 goth., fig., mar. rouge. (*Chambolle-Duru.*) 2500 »

Première édition de l'*Imitation de J.-C.* en français.

123. LE LIVRE DES CONNOILLES. (*Lyon*, *M. Hutz*, 1490), in-4 goth., mar. citron, doublé de mar. bleu. (*Trautz-Bauzonnet.*) 2000 »

Ces racontars de vieilles femmes, occupées à filer leur quenouille, sont une des plus ingénieuses facéties du XVe siècle.

Délicieuse plaquette avec des figures très amusantes et une charmante reliure.

124. MUSÆI OPUSCULUM DE HERONE ET LEANDRE. *Venise*, *Alde*, (1494), in-4, fig., mar. rouge. (*Chambolle-Duru.*) 1500 »

Premier volume imprimé par les *Alde*, contenant le texte grec du poème et la traduction latine.

125. HEURES à l'usage de Rome. *Venise*, *Alde*, 1497, in-12, mar. rouge. (*Chambolle-Duru.*) 750 »

Ces rarissimes heures des *Alde*, ont été entièrement imprimées en grec à l'usage des Hellènes qui s'etaient réfugiés à Venise.

126. LA CHRONIQUE MARTINIENNE de tous

les papes. *Paris, Verard,* (1502), in-fol. gothique, mar. rouge. (*Rel. anc.*) 1200 »

Cette chronique de Martin le Polonais est suivie de nombreuses chroniques françaises des XIV^e et XV^e siècles.

127. Paris et Vienne. *Paris,* 1502, in-4 goth., fig., mar. rouge. (*Cuzin.*) 1000 »

Ce roman de chevalerie a été traduit du provençal par Pierre de la Sippade.

128. Olivier de Castille et Artus d'Algarbe. *Paris,* 1505, in-4 gothique, fig., mar. rouge. (*Cuzin.*) 1000 »

Première édition, publiée en France, de ce roman de chevalerie.

129. Les Louenges du roi Louys XII par Claude de Seyssel. *Paris, Verard,* 1508, in-4, fig., mar. doublé. (*Trautz-Bauzonnet.*) 1000 »

Riche reliure fleurdelisée.

130. La Mer des Hystoires et Croniques de France. *Paris,* 1517-1518, 4 vol. in-4 goth., fig., mar. bleu. (*Duru.*) 1500 »

Histoire générale et recueil de nos anciennes chroniques conservées à l'abbaye de Saint-Denis.

131. Ysaïe le triste, fils de Tristan de Leonnois, chevalier de la Table ronde.

*Paris,* 1522, pet. in-fol. gothique, mar. doublé. (*Thibaron-Joly.*) 1000 »

PREMIÈRE ÉDITION de ce roman de chevalerie.

132. FLORENT ET LYON enfans de l'empereur de Romme. *Paris,* (1535), in-4 gothique, figures, mar. doublé. (*Capé.*) 1200 »

PREMIÈRE ÉDITION de ce roman de chevalerie. Doublure avec ornements dans le style ogival, très réussie.

133. L'INTRODUCTION AU TRAITÉ DE LA CONFORMITÉ DES MERVEILLES anciennes avec les modernes, ou traité préparatif à l'Apologie pour Hérodote. (*Genève*), 1566, in-8, mar. doublé. (*Bauzonnet-Trautz.*) 650 »

Un des plus piquants ouvrages d'Henri Estienne, et celui qui nous fait bien connaître les mœurs du seizième siècle.

Cet exemplaire est un des trois ou quatre exemplaires connus, qui soient avant les passages supprimés.

134. DE LA BEAUTÉ, discours divers, avec la Paule-graphie ou description des beautez d'une dame Tholosaine, nommée la belle Paule, par G. de Minut. *Lyon,* 1587, in-8, mar. vert, comp. (*Thouvenin.*) 1200 »

Ce volume singulier qui contient la description — chapitre par chapitre — des beautés de Paule de Viguier, d'une vieille famille

Toulousaine, a été presque complètement détruit par les intéressés.

135. LES SATYRES, ET AUTRES ŒUVRES DU SIEUR REGNIER. *Leyde, les Elzevier,* 1642, in-12, mar. rouge. (*Rel. anc.*) 250 »

Un des jolis elzeviers français.

136. LA VIE DE GASPAR DE COLIGNY, seigneur de Chastillon (par Jean de Serres). *Leyde, Elzevier,* 1643, in-12, mar. doublé. (*Trautz-Bauzonnet.*) 350 »

137. LES MÉMOIRES DE MESSIRE PHILIPPE DE COMMINES. *Leyde, les Elzevier,* 1648, in-12, mar. rouge. (*Rel. anc.*) 750 »

Très-belle impression. Exemplaire aux armes de LAMBERT DE THORIGNY.

138. DE IMITATIONE CHRISTI. *Leyde, les Elzevier,* (1653), in-12, mar. rouge, doublé de mar. rouge. (*Rel. anc.*) 3000 »

Chef-d'œuvre de typographie ; chef-d'œuvre de reliure de *Boyet.* Volume exquis.

139. LE PASTISSIER FRANÇOIS. *Amsterdam, Elzevier,* 1655, in-12, mar. doublé. (*Thibaron-Joly.*) 1800 »

Un des volumes les plus célèbres parmi ceux imprimés par les *Elzevier.*

140. LE PARNASSE SATYRIQUE du sieur

Théophile. (*Leyde, Hackius*), 1660, in-12, mar. orange, doublé de mar. bleu. (*Trautz-Bauzonnet.*) 500 »

Jolie édition elzévirienne.

---

141. PHEBUS DES DEDUITZ DE LA CHASSE des bestes sauvaiges et des oyseaulx de proye. *Paris*, (*vers* 1505), pet. in-fol. gothique, fig., mar. vert. (*Duru.*) 3500 »

Traité écrit par un professionnel, le comte Gaston de Foix. Edition publiée par *Jean Trepperel*.

142. LE LIVRE DU ROY MODUS ET DE LA ROYNE RACIO qui parle du déduit de la chasse à toutes bestes sauvaiges. *Paris*, (1526), pet. in-4 gothique, fig., mar. doublé. (*Trautz-Bauzonnet.*) 1500 »

Un des plus anciens traités sur la chasse écrit en français, attribué à J. de Meung.
Riche reliure.

143. LE ROY MODUS DES DÉDUITZ DE LA CHACE, Venerie et Fauconnerie. *Paris*, 1560, in-8, figures, mar. doublé. (*Trautz-Bauzonnet.*) 1000 »

Charmante édition. Très-jolie reliure.

144. LA VENERIE DE JAQUES DU FOUILLOUX. *Poitiers,* (1561), pet. in-fol., fig., mar. rouge. (*Cuzin.*) 1500 »

PREMIÈRE ÉDITION de ce traité resté classique.

145. LA CHASSE ROYALE, composée par le Roy Charles IX. *Paris,* 1625, in-8, mar. vert. (*Bauzonnet.*) 750 »

Livre estimé, composé par un illustre chasseur, célèbre par sa passion pour ce violent exercice.

146. LA FAUCONNERIE de F. Jan des Franchières, avec la fauconnerie de G. Tardif, plus la volerie de messire Artelouche, etc. *Poitiers,* 1567, in-4, veau, orn. dorés. (*Rel. anc.*) 600 »

Première édition collective des divers ouvrages célèbres de Fauconnerie.

147. LA FAUCONNERIE de Charles d'Arcussia. *Paris,* 1621, in-4, fig., mar. rouge. (*Trautz-Bauzonnet.*) 600 »

Un des traités les plus estimés sur la chasse au vol.

148. TRAICTÉ CONTENANT LES SECRETS DU PREMIER LIVRE SUR L'ESPÉE SEULE. Composé par Henry de Sainct-Didier. *Paris,* 1573, in-4, portr. et fig., mar. rouge. (*Chambolle.*) 1500 »

Premier livre publié en France sur l'art de l'escrime.

149. L'INSTRUCTION DU ROY EN L'EXERCICE DE MONTER A CHEVAL, par messire Ant. de Pluvinel. *Paris,* 1625, in-fol., mar. rouge. (*Rel. anc.*) 2500 »

Première édition complète avec planches de *Crispin de Pas.*

Reliure aux armes de NEUFVILLE DE VILLEROY, archevêque de Lyon.

150. ORCHESOGRAPHIE et traicté par lequel toutes personnes peuvent apprendre et practiquer l'honneste exercice des dances. Par Thoinot Arbeau (J. Tabourot). *Lengres,* 1589, in-4, fig., veau. 1200 »

Un des premiers livres sur l'art de la danse publié en France.

151. RECUEIL DES PLUS BEAUX AIRS accompagnés de chansons à dancer, chansons folatres, etc. *Caen, Mangeant,* 1615, 3 tomes en un vol. in-12, mar. doublé. (*Trautz-Bauzonnet.*) 1200 »

Ce volume contient la série des chansons en vogue pendant plusieurs siècles ; la plupart sont très ordurières.

152. TAILLEVANT GRANT CUYSINIER DU ROY DE FRANCE. *Paris, Guill. Nyverd,* (1520), in-8 gothique, veau. (*Rel. anc.*) 1000 »

Le plus ancien traité culinaire en français qui ait été imprimé. Il a été composé vers 1350 par un certain Guillaume Tirel, cuisinier du roi Philippe VI.

153. LIVRE FORT EXCELLENT DE CUYSINE, par P. Pidoux. *Lyon, Olivier Arnoullet*, 1542, pet. in-8 gothique, mar. doublé, dorures. (*Trautz-Bauzonnet.*) 1000 »

C'est avec le *Taillevent*, un des plus anciens traités de cuisine en français. Ravissante reliure.

---

154. LES EXCELLENTS BASTIMENTS DE FRANCE, par Jacques Androuet Du Cerceau, Architecte. *Paris*, 1576-1579, 2 vol. in-fol., mar. vert. 1000 »

Orné de 125 planches représentant les plus beaux châteaux et palais de la France au XVI^e^ siècle ; beaucoup d'entre eux sont aujourd'hui détruits.

155. TOPOGRAPHIE FRANÇOISE ou représentations de plusieurs villes, bourgs, chasteaux, etc. Designez par Claude Chastillon. *Paris*, 1641, in-fol., pl., veau. (*Petit.*) 2500 »

Collection de 568 vues gravées sur cuivre des villes et châteaux de France au commencement du XVII^e^ siècle.

156. L'ARCHITECTURE FRANÇOISE ou recueil des plans, élévations des Églises, Palais, Hôtels, Chasteaux, etc. *Paris, Mariette*, 1727-1738, 3 vol. in-fol., pl., veau. (*Rel. anc.*) 1500 »

551 planches représentant les principaux

châteaux, hôtels et maisons de Paris et des environs. Nombreuses planches de décoration intérieure.

157. ARCHITECTURE FRANÇOISE, ou recueil de plans, élévations, coupes et profils des Eglises, Maisons Royales, Palais, Hôtels, Châteaux, etc. Par J. F. Blondel. *Paris*, 1752-1754, 4 vol. in-fol., pl., cart., *non rognés*. (*Rel. anc.*) 2000 »

499 planches représentant les hôtels et monuments de Paris au siècle dernier.

158. LE LIVRE D'ORFÈVRERIE par Hans Brosamer. (*Francfort-sur-Mein*, *vers* 1540), in-4 goth., veau, orn. (*Rel. anc.*) 4500 »

Un titre représentant un atelier d'orfèvre et 35 planches gravées sur bois par *Hans Brosamer*, modèles de vases, buires, gourdes, pendeloques, etc. Rarissime.

159. ORNEMENS INVENTEZ PAR J. BÉRAIN. (*Paris*, 1663-1710), in-fol., pl., veau. (*Rel. anc.*) 1500 »

Le meilleur recueil de planches décoratives de l'époque de Louis XIV. 111 planches et un portrait de l'artiste par *Duflos*.

160. NOUVELLE ICONOLOGIE HISTORIQUE, par Jean Charles Delafosse. *Paris*, 1771, 2 vol. in-fol., cart. 1500 »

248 planches de décoration et d'ameublement.

161. RECUEIL D'ORNEMENS A L'USAGE DES JEUNES ARTISTES qui se destinent à la décoration des bâtiments. Par G. P. Cauvet. *Paris*, 1777, in-fol., pl., cart. 1500 »

Très-beaux modèles décoratifs de l'époque Louis XVI.

162. LIVRE DE MEUBLES, GAINES, TABLES, Commodes, Cheminées, Guéridons, Chandeliers, etc., par François Boucher fils. *Paris, (vers* 1780), in-fol., cart. 5000 »

Collection complète de 390 planches de décoration et d'ameublement Louis XVI.

163. ŒUVRES DE SCULPTURE en bronze, inventées et dessinées par J. Fr. Forty. *Paris*, (1780), in-fol., demi-rel. 1200 »

Titre et 48 planches d'appliques, flambeaux, pendules, cartels, etc., de l'époque Louis XVI.

164. LIVRE DE DESSINS DE JOUAILLERIE ET BIJOUTERIE inventés par Maria. *Paris*, (1780), pet. in-fol. oblong, cart. 1000 »

Modèles de broches, agrafes, cachets, boucles, éventails, boites et autres bijoux usités sous Louis XVI.

165. CORONA DELLE NOBILI ET VIRTUOSE DONNE. *Venise*, 1595-1597, in-4 obl., cart. 800 »

Célèbre recueil de 101 modèles de dentelles dessinés par *Cesare Vecellio*.

166. LA PRATIQUE DE L'AIGUILLE INDUSTRIEUSE du tres excellent Milour Matthias Mignerak. *Paris,* 1605, in-4, mar. doublé. (*David et Marius-Michel.*) 800 »

Rare modèle de broderies.

167. TRAITÉ DU JARDINAGE selon les raisons de la nature et de l'art. Par Jacques Boyceau. *Paris,* 1638, in-fol., pl., veau. (*Rel. anc.*) 1000 »

Cet artistique traité est orné de 62 superbes planches représentant les parterres en broderie qui décoraient les anciens jardins à la française.

Aux armes du duc de MONTAUSIER.

---

168. COSMOGRAPHIE INTRODUCTIO, cum quibusdam Geometriæ ac Astronomiæ principiis ad eam res necessariis. Insuper quatuor Americi Vespucii navigationes. *Saint-Dié, septembre* 1507, in-4, mar. rouge. (*Hardy.*) 2500 »

C'est dans ce livre que se trouve pour la première fois le nom d'*Amérique* appliqué aux continents découverts par Colomb, Vespuce et autres navigateurs. Le parrain de ce nom est un certain Martin Watzemüller qui a eu cette idée en imprimant dans ce livre la relation des voyages d'Améric Vespuce dans le Nouveau-Monde.

169. PAESI NOVAMENTI RETROVATI ET NOVO MONDO da Alberico Vesputio Florentino intitulado. *Vicentia,* 1507, in-4, mar. brun, ornements. 5000 »

Recueil contenant les relations des voyages de Colomb, de Vespuce, de Pinzon, etc. en Amérique.

170. CLAUDII PTOLEMEI GEOGRAPHIÆ. *Strasbourg,* 1513, in-fol., vélin estampé. (*Rel. anc.*) 1000 »

Célèbre édition contenant 47 cartes dont celle des pays nouvellement découverts en Amérique, carte dont le dessin est attribué à Christophe Colomb.

171. EXTRAICT OU RECUEIL DES ISLES NOUVELLEMENT TROUVÉES en la mer océane au temps du roy d'Espaigne Fernand et Elizabeth, faict en latin par P. Martyr. *Paris, Simon de Colines,* 1532, in-4, mar. rouge. (*Derome.*) 1200 »

Le deuxième livre écrit en français relatif à l'Amérique. Il y est traité des découvertes faites dans ce pays, surtout de Cuba, du Mexique et des guerres de F. Cortez.

172. LES SINGULARITEZ DE LA FRANCE ANTARCTIQUE, autrement nommée Amérique, par F. Thevet. *Paris,* 1558, in-4, vélin. 1000 »

Description de l'Amérique du détroit de

Magellan au Canada. Nombreuses et belles figures.

173. Les Voyages de la Nouvelle France occidentale, dicte Canada, faits par le seigneur de Champlain. *Paris,* 1632, in-4, carte, veau. (*Rel. anc.*) 1000 »

Champlain fut le véritable organisateur de notre ancienne colonie en Amérique.

## 4. OUVRAGES ILLUSTRÉS.

### a. Livres illustrés publiés aux xv^e^, xvi^e^ et xvii^e^ siècles.

174. Speculum humane salvationis latino-germanicum cum speculo Sanctæ Mariæ editum. (*Augsbourg*, *Gunther Zainer*, *vers* 1471), pet. in-fol. goth., fig., vélin estampé. (*Rel. anc.*) 3500 »

Un des plus importants ouvrages à figures publiés en Allemagne au XV^e^ siècle. Il ne renferme pas moins de 192 figures gravées sur bois consacrées à l'histoire religieuse.

175. Libri J. Boccacii... de mulieribus claris. *Ulme, Johannem Czeiner,* 1473, pet. in-fol., vélin doré. 2800 »

Édition remarquable pour ses illustrations primitives et réalistes.

176. DE LA RUINE DES NOBLES HOMMES ET FEMMES, traduit de Jean Boccace. *Paris, Jehan du Pré,* 1483, pet. in-fol. goth., fig., ais de bois recouverts de basane. (*Rel. anc.*) 7500 »

Premier livre publié à Paris avec figures ; il est orné de 9 grandes figures d'une exécution fort intéressante. Ces figures ont été légèrement rehaussées.

177. LA COMEDIA del divino poeta Fiorentino Danthe Aleghieri. *Brescia,* 1487, in-fol., fig., vélin. 1200 »

Très-belle édition ornée de 66 belles estampes de la grandeur de la page.

178. DEVOTE MEDITATIONI SOPRA LA PASSIONE del nostro signore. *Firenze, Mischomini,* (1490), in-4, mar. La Vallière. (*Trautz-Bauzonnet.*) 1500 »

Orné de 14 figures sur bois d'excellente qualité.

179. LA COMEDIA di Danthe Alighieri. *Venise, Petro Cremonese,* 1491, pet. in-fol., mar. noir. (*Quinet.*) 750 »

Cette édition est ornée de nombreux et jolis bois.

180. DE LA LOUENGE ET VERTU DES NOBLES ET CLERES DAMES de Boccace. *Paris,*

*Verard,* 1493, in-4, mar. mosaïqué. (*Marius-Michel.*) 3000 »

Très-belles figures. Superbe reliure.

181. LES VIGILLES DE LA MORT DU FEU ROY CHARLES SEPTIESME, par Marcial de Paris dit d'Auvergne. *Paris, Jean du Pré,* 1493, in-fol., mar. (*Trautz-Bauzonnet.*) 2500 »

Première édition ornée de nombreuses et belles figures gravées sur bois et sur cuivre.

182. LE GRANT BOECE DE CONSOLATION. *Paris, Verard,* 1494, in-fol. gothique, fig., mar. rouge. (*Chambolle-Duru.*) 2000 »

Traduction de Colard Mansion.
Grandes et belles figures.

183. STABILIMENTA RHODIORUM MILITUM. — OBSIDIONIS RHODIÆ URBIS DESCRIPTIO. *Ulme,* 1496, 2 vol. pet. in-fol., mar. brun, comp. (*Chambolle-Duru.*) 2000 »

Ces ouvrages de G. Caoursin, vice-chancelier de l'ordre des chevaliers de Saint-Jean de Jérusalem, établi à Rhodes, contiennent tous les renseignements utiles sur cet ordre et sur ses luttes avec les Turcs.

Les 2 volumes sont ornés ensemble de 56 très-importantes figures gravées sur bois.

184. EPISTOLE DE SAN HIERONYMO VOLGARE. *Ferrara,* 1497, in-fol., fig., ais de bois recouverts de mar. noir. (*Rel. anc.*) 1500 »

Nombreuses figures sur bois, de la même

qualité que celles des livres vénitiens de la même époque. Première reliure.

185. DE PLURIMIS CLARIS SCELESTIQUE MULIERIBUS. *Ferrare,* 1497, pet. in-fol. gothique, mar. brun, orn. (*Chambolle-Duru.*) 1500 »

Biographies des femmes célèbres depuis les origines du monde jusqu'à la fin du XVe siècle par Philippe de Bergame. Nombreuses et remarquables illustrations gravées sur bois, parmi lesquelles un certain nombre de portraits réels d'italiennes célèbres du XVe siècle.

186. HEURES à l'usage de Rome. *Paris, Simon Vostre,* 1498, in-4, gothique, veau. 1000 »

Superbes illustrations dans le style ogival fleuri.
Exemplaire imprimé sur VÉLIN.

187. HYPNEROTOMACHIA POLIPHILI. *Venise, Alde,* 1499, in-fol., fig., mar. rouge. (*Rel. anc.*) 2500 »

Le chef-d'œuvre de l'illustration en Italie.
Exemplaire relié par *Derome.*

188. THERENCE EN FRANÇOIS. *Paris, Verard,* (1500), in-fol., mar. mosaïqué. (*Marius-Michel.*) 4000 »

Très-belles figures sur bois. Reliure en mosaïque richement dorée.

189. LE VERGIER D'HONNEUR de Octavien de

Saint Gelais. *Paris, Verard*, (1500), in-4, goth., veau. (*Rel. anc.*) 1500 »

Nombreuses et belles figures.

190. Ars moriendi. (*Leipzig, C. Kachelofen*, 1500), in-4 gothique, mar. vert. (*Rel. anc.*) 1250 »

Quatorze figures imitées de celles des éditions xylographiques.

191. Le Grant Vita Christi translate de latin de Ludolphe le Chartreux, en francoys (par Guillaume le Menand.) *Paris, Verard*, (1500), 2 vol. in-fol. gothique, fig., mar. La Vallière. 2500 »

Une des belles publications de *Verard* ornée de nombreuses figures.

192. Lucan Suetoine et Saluste en françoys. *Paris, Verard*, 1500, in-fol. goth., fig., veau estampé. 800 »

Beau volume orné de quelques grandes figures sur bois.

193. Les Regnars traversant les périlleuses voyes des folles fiances du monde, par J. Bouchet. *Paris, Verard*, (1500), in-fol., gothique, cart. 2000 »

Très beau volume orné de nombreuses planches.

194. Heures à l'usage de Rome. *Paris,*

*Simon Vostre*, 1508, gr. in-8 gothique, chagrin noir. 2000 »

Grandes Heures de Vostre, d'une ornementation aussi riche que variée. Histoires très singulières dans les bordures.

195. HEURES à l'usage de Rome. *Paris, Kerver*, 1507, gr. in-8 gothique, mar. brun, ornements. (*Marius-Michel.*) 1500 »

Grandes Heures de *Kerver*. Exemplaire imprimé sur VÉLIN.

196. HEURES à l'usage de Paris. *Paris, Simon Vostre*, 1508, in-4 gothique, mar. rouge. (*Rel. anc.*) 2000 »

Remarquables planches inspirées de *Dürer* et des maîtres allemands.
Exemplaire imprimé sur VÉLIN.

197. VIE DE LA VIERGE. — PASSION DE NOTRE SEIGNEUR JÉSUS-CHRIST. — L'APOCALYPSE. *Nuremberg*, 1511, in-fol., pl., vélin. 6000 »

Éditions latines ornées de 45 figures et de 3 vignettes gravées sur bois d'après les dessins d'*Albert Dürer*.

198. LES AVENTURES DU CHEVALIER TEWRDANNCKH (en allemand), par Melchior Pfinzing. *Nuremberg*, 1517, in-fol., fig., vélin. 2500 »

Ce volume est précieux au point de vue de

l'art typographique. Il est orné de 118 très-belles gravures par *Hans Schauffelein*.

Première édition. Exemplaire sans les ff. de l'explication des figures, feuillets imprimés après coup.

199. MISSALE AD SACRO SANCTUM ROMANE ECCLESIE USUM. *Paris, Simon Vostre et Kerver*, 1517, in-fol. goth., velours rouge avec milieux et coins de métal. (*Rel. anc.*) 12000 »

Exemplaire exceptionnel imprimé sur VÉLIN orné de 226 miniatures de dimensions diverses sans compter une quantité de lettres ornées, bouts de lignes, etc.

200. HEURES à l'usage de Rome. *Paris, G. Tory*, 1525, in-8, mar. brun. 2000 »

Premier livre d'Heures publié par Tory, les encadrements inspirés des seulptures ornementales de l'époque sont considérés comme des chefs-d'œuvre.

201. HORE in laudem beatissime Virginis Marie. *Paris, G. Tory*, 1527, in-4, fig., cuir de Russie. 2000 »

Volume orné à chaque page d'encadrements formés de fleurs et d'oiseaux. Grandes figures d'un beau caractère.

202. ORDONNANCES ROYAUX de la juridiction, de la prevosté des marchands et de eschevinaige de la ville de Paris. *Paris*,

1528, pet. in-fol., mar. doublé. (*Chambolle-Duru.*) 750 »

Recueil des règlements commerciaux et administratifs de Paris au moyen-âge et à la fin du XVe siècle. Nombreuses et curieuses images relatives à l'histoire des métiers.

203. LES SIMULACHRES ET HISTORIÉES FACES DE LA MORT. *Lyon*, 1538, in-4, mar. rouge. (*Chambolle-Duru.*) 3000 »

Première édition ornée des dessins de *Hans Holbein*.

204. BIBLIA utriusque Testamenti juxta vulgatam translationem. *Lyon*, 1538, in-fol., fig., veau. (*Rel. anc.*) 1000 »

Édition ornée de figures de *Hans Holbein* en premier tirage.

205. LES TRIUMPHES PETRARCQUE. *Paris*, 1539, in-8, mar. rouge. (*Rel. anc.*) 600 »

Édition ornée de charmantes vignettes gravées sur bois.

206. LE TABLEAU DE CEBES. *Paris, Corrozet*, 1543, in-8, mar. citron. (*Rel. anc.*) 1200 »

Orné de 29 figures sur bois très remarquables.

207. HECATOMGRAPHIE de Gilles Corrozet. *Paris*, 1543, in-8, mar. citron. (*Rel. anc.*) 600 »

100 figures gravées sur bois et 100 encadrements, chefs-d'œuvre de graveurs parisiens.

208. Horæ in laudem beatissimæ Virginis Mariæ, ad usum Romanum. *Paris, Simon de Colines*, 1543, in-4, veau fauve, comp. (*Rel. anc.*) 8000 »

Le chef-d'œuvre de l'art ornemental au XVIe siècle exécuté dans l'atelier de *G. Tory*. Exemplaire dans une très-élégante reliure de l'époque.

209. Le Décameron de Jean Boccace, traduit par A. Le Maçon. *Paris*, 1545, in-fol., figures, mar. rouge, milieux. (*Mercier.*) 1500 »

Traduction restée classique. Très-jolies figures attribuées à Etienne Delaune.

210. Hypnerotomachie ou discours du Songe de Poliphile. *Paris*, 1546, in-fol., mar. rouge. (*Cuzin.*) 600 »

Ce volume est remarquable pour ses magnifiques illustratious, œuvre d'un excellent artiste de l'école des Jean Cousin et Jean Goujon.

211. L'Amour de Cupido et de Psiché, nouvellement historiée. *Paris*, 1546, in-12, mar. rouge. (*Duru.*) 1500 »

Délicieux volume orné de bois charmants gravés d'après les compositions des *Noces de Psyché* de Raphaël, ou mieux de M. Coxie, son élève.

212. Icones historiarum veteris Testa-

MENTI. *Lugduni*, 1547, in-4, mar. rouge. (*Trautz-Bauzonnet.*) 400 »

Suite des figures de *Hans Holbein* pour la Bible. Exemplaire *non rogné*.

213. ORDRE TENU A LA NOUVELLE ET JOYEUSE ENTRÉE que le roy Henry deuxiesme a faicte en sa bonne ville et cité de Paris le sezieme jour de Juin 1549. *Paris*, 1549, in-4, mar. (*Chambolle-Duru.*) 1500 »

Un des plus beaux livres à figures publiés en France. PREMIÈRE ÉDITION.

214. EPISTOLE ET EVANGELII, et letioni vulgari in lingua thoscana. *Florence*, 1551, in-fol., mar. bleu. (*Thibaron-Joly.*) 2000 »

Ce volume est orné de 150 bois florentins de la fin du XVe et du commencement du XVIe siècle. Très-important pour l'histoire iconographique italienne.

215. HEURES à l'usage de Rome. *Paris*, 1555, in-8, veau mosaïqué et doré. (*Rel. anc.*) 2500 »

Charmants encadrements exécutés dans l'atelier de Tory. Élégante reliure du XVIe siècle.

216. LA MÉTAMORPHOSE D'OVIDE FIGURÉE. *Lyon, Jean de Tournes*, 1557, in-8, mar. doublé. (*Chambolle-Duru.*) 500 »

Un des plus jolis volumes publiés à Lyon au XVIe siècle. Figures de *Bernard Salomon*, dit le *Petit Bernard*.

217. Livre de la Conquête de la Toison d'or par Jason. *Paris*, 1563, in-4 obl., vélin. (*Rel. anc.*) 1500 »

Précieuse suite de 25 estampes gravées sur cuivre par *René Boyvin.*

Épreuves du premier état avant la légende.

218. F. Josephi Antiquitatum Judaicarum. *Lyon*, 1566, in-fol., vélin. 2500 »

Célèbre édition illustrée de figures sur bois, beaucoup par *P. Woieriot.* Rarissime.

219. Balet Comique de la Royne faict aux noces de M. le duc de Joyeuse et mademoiselle de Vaudemont, par Balthasar de Beaujoyeulx. *Paris*, 1582, in-4, fig., mar. rouge. (*Trautz-Bauzonnet.*) 1500 »

Ce *Ballet comique* est en réalité le premier opéra représenté en France. Très-curieuses figures gravées à l'eau-forte par *J. Patin.*

220. Les Adventures amoureuses de Theagenes et Cariclee. *Paris*, 1613, in-8, mar. bleu. 500 »

120 figures en taille-douce par *P. Vallet.*

221. Les Hommes illustres qui ont paru en France pendant ce siècle par Ch. Perrault. *Paris*, 1696, in-fol., mar. rouge. (*Rel. anc.*) 2000 »

Superbe galerie de 102 portraits des

personnages célèbres du siècle de Louis XIV, gravés par *Edelinck*, *Lubin*, *Nanteuil*, etc.

Très-bel exemplaire tiré sur GRAND PAPIER, relié par *Derome*.

222. LE CABINET DES PLUS BEAUX PORTRAITS de princes, princesses, hommes illustres, fameux peintres, sculpteurs, architectes, etc. faits par le fameux Antoine van Dyck. *Anvers, Verdussen,* (1700), in-fol., mar. rouge. (*Trautz-Bauzonnet.*) 500 »

Recueil de 126 portraits gravés d'après les tableaux de *Van Dyck*. Un certain nombre d'entre eux ont même été tracés à l'eau-forte par le peintre.

### *b.* LIVRES ILLUSTRÉS DU XVIIIe SIÈCLE.

223. LES AMOURS PASTORALES DE DAPHNIS ET CHLOÉ (traduit du grec de Longus par Amyot). *Paris,* 1718, in-8, mar. bleu, dent. (*Rel. anc.*) 1500 »

Édition illustrée par le Régent Philippe d'Orléans. Très-belle reliure de *Derome*.

224. L'ŒUVRE DE ANTOINE WATTEAU. *Paris,* (1720-1740), 3 vol. in-fol., veau. (*Rel. anc.*) 12000 »

Deux volumes de grand format publiés par les soins de M. de Jullienne, contiennent ensemble

340 gravures d'après les tableaux de Watteau. Un volume de plus petit format renferme 350 planches gravées d'après les dessins et croquis de l'artiste.

225. ŒUVRES DE NIC. BOILEAU-DESPRÉAUX. *La Haye*, 1722, 4 vol. pet. in-8, mar. rouge. (*Rel. anc.*) 500 »

Édition publiée par Brossette, illustrée par *B. Picart*. Reliure de *Padeloup*.

226. LE SACRE DE LOUIS XV. (*Paris*, 1722), in-fol., fig., mar. rouge, large dent. (*Padeloup*.) 1200 »

Superbes illustrations de *Cochin*, *Larmessin*, *Drevet*, etc. Reliure avec larges dentelles.

227. CÉRÉMONIES ET COUTUMES RELIGIEUSES de tous les peuples du monde. *Amsterdam*, 1723-1784, 13 vol. in-fol., mar. rouge. (*Rel. anc.*) 2000 »

Grand et bel ouvrage orné de nombreuses figures, la plupart par *B. Picart*. Cet exemplaire est en GRAND PAPIER et parfaitement relié par *Derome*.

228. ŒUVRES DIVERSES DE M. DE FONTENELLE. *La Haye*, 1728, 3 vol. in-fol., mar. rouge, larges dent. (*Rel. anc.*) 5000 »

Édition très-bien illustrée par *B. Picart*.

Exemplaire tiré sur GRAND PAPIER dans une splendide reliure, chef-d'œuvre de *Derome*.

229. ŒUVRES DE MAÎTRE FRANÇOIS RABELAIS avec des remarques de M[r] Le Duchat. *Amsterdam*, 1741, 3 vol. in-4, figures de B. Picart, mar. rouge, dentelles. (*Rel. anc.*) 7500 »

Exemplaire aux armes de la marquise de POMPADOUR.

230. ŒUVRES DE FRANÇOIS RABELAIS. *Amsterdam*, 1741, 3 vol. in-4, fig., mar. rouge. (*Duru.*) 1200 »

Un des rares exemplaires tirés sur GRAND PAPIER.

231. FIGURES DE DIFFÉRENTS CARACTÈRES de paysages, et d'études dessinées par Antoine Watteau. *Paris*, (*vers* 1740), 2 vol. in-fol., pl., demi-rel. 3000 »

Ces volumes renferment ensemble 350 gravures d'après les dessins de Watteau.

232. FESTES DONNÉES PAR LA VILLE DE PARIS à l'occasion du mariage de Louise-Elisabeth de France et de dom Philippe infant d'Espagne. *Paris*, 1740, in-fol., mar. vert, dent. (*Rel. anc.*) 1000 »

Orné de 13 grandes planches par *Gabriel*, *Blondel*, *Servandoni*.

Exemplaire dans une riche reliure aux armes de TURGOT, avec les planches miniaturées.

233. REPRÉSENTATION DES FÊTES DONNÉES

PAR LA VILLE DE STRASBOURG pour la convalescence du Roi. *Paris,* (1745), in-fol., portr. et fig., mar. rouge, large dent. (*Padeloup.*) 1800 »

Très belles planches gravées par *Le Bas* d'après les dessins de *Weiss*.

Reliure avec larges dentelles.

234. ANGOLA, histoire indienne par le chevalier de la Morlière. *Paris,* 1751, 2 vol. in-12, mar. citron. (*Rel. anc.*) 750 »

Roman des ruelles et des boudoirs.

Spirituelles illustrations *d'Eisen*. Aux armes de la duchesse de GRAMONT-CHOISEUL.

235. FABLES CHOISIES MISES EN VERS PAR J. DE LA FONTAINE. *Paris,* 1755-1759, 4 vol. in-fol., mar. rouge. (*Rel. anc.*) 10000 »

Splendide édition illustrée par *Oudry*.

Exemplaire tiré sur GRAND PAPIER DE HOLLANDE dans une somptueuse reliure à dentelles aux armes du marquis de MASSIAC.

236. LE DECAMERON DE JEAN BOCCACE (traduit en français par Le Maçon). *Londres* (*Paris*), 1757-1761, 5 vol. in-8, mar. rouge, dent. (*Rel. anc.*) 2000 »

Un des très-beaux livres du dernier siècle illustré par *Boucher*, *Gravelot* et *Cochin*.

Reliure de *Padeloup*.

237. CONTES ET NOUVELLES EN VERS PAR

M. DE LA FONTAINE. *Amsterdam* (*Paris*), 1762, 2 vol. in-8, mar. rouge, larges, dentelles, tr. dor. (*Rel. anc.*) 3500 »

Édition des *Fermiers Généraux*. Le livre le plus parfait publié au dix-huitième siècle.

238. CONTES DE LA FONTAINE. *Paris*, 1762, 2 vol. in-8, fig., mar. vert, dentelles. (*Rel. anc.*) 2500 »

Cet exemplaire est recouvert de la très curieuse reliure exécutée par *Derome* pour les exemplaires destinés aux Fermiers Généraux, et désignée sous le nom de *reliure de présent*.

239. CONTES DE LA FONTAINE. *Paris*, 1762, 2 vol. in-8, mar. rouge. (*Rel. anc.*) 2000 »

Autre exemplaire de l'édition des *Fermiers Généraux* relié par *Derome*.

240. FABLES CHOISIES MISES EN VERS PAR LA FONTAINE. *Paris*, 1765, 6 vol. in-8, mar. rouge. (*Rel. anc.*) 1000 »

Édition entièrement gravée ornée de nombreuses figures du peintre *Fessard*.

241. LES MÉTAMORPHOSES D'OVIDE en latin et en françois traduction de l'abbé Banier. *Paris*, 1767-1771, 4 vol. in-4, cartonnés, *non rognés*. 6500 »

Une des têtes de colonnes parmi les livres illustrés du dix-huitième siècle; très-remarquables planches de *Boucher*, *d'Eisen* et de *Moreau*.

Dans cet exemplaire on a ajouté une deuxième suite des figures AVANT LA LETTRE.

242. LES MÉTAMORPHOSES D'OVIDE en latin et en françois traduction de l'abbé Banier. *Paris*, 1767-1771, 4 vol. in-4, mar. rouge. (*Rel. anc.*) 4000 »

Cet exemplaire est dans une belle reliure de l'époque.

243. LES GRÂCES (par Querlon). *Paris*, 1769, in-8, mar. rouge. (*Rel. anc.*) 1200 »

Jolies figures par *Moreau* et *Boucher*.

244. LA HENRIADE DE VOLTAIRE. *Paris*, 1770, 2 vol. in-8, fig., mar. rouge. (*Rel. anc.*) 800 »

Très-belles illustrations d'*Eisen*.
Reliure de *Derome*.

245. LES BAISERS PAR DORAT. *Paris*, 1770, in-8, mar. vert, dent. (*Rel. anc.*) 6000 »

Le livre le plus remarquable du dernier siècle par son illustration due à *Eisen*.

Exemplaire en GRAND PAPIER aux armes de la reine MARIE-ANTOINETTE.

246. LES BAISERS PAR DORAT. *Paris*, 1770, in-8, mar. rouge, dent. (*Duru.*) 1200 »

Cet exemplaire en GRAND PAPIER, a été richement relié sur brochure.

247. LE TEMPLE DE GNIDE PAR MONTESQUIEU.

*Paris,* 1772, in-8, mar. rouge. (*Rel. anc.*) 2500 »

Les délicieuses figures d'*Eisen* et de *Le Mire* sont avant les numéros et la reliure de *Derome* porte les armes du duc de Choiseul.

248. Le Temple de Gnide. *Paris,* 1772, in-8, fig., mar. rouge. (*Rel. anc.*) 1000 »

Dans cet exemplaire les figures sont avec les numéros.

249. Anacréon, Sapho, Bion et Moschus. Traduction de Moutonnet de Clairfons. *Paris,* 1773, in-4, fig., mar. vert. (*Rel. anc.*) 3500 »

Illustrations d'*Eisen* de la même qualité que celles du volume des *Baisers*.

Exemplaire tiré sur grand papier, avec la suite des contre-épreuves tirées hors texte, très-finement gouachées au siècle dernier.

250. Orlando furioso di Lodovico Ariosto. *Birmingham,* 1773, 4 vol. in-8, mar. bleu, larges dent. (*Rel. anc.*) 5000 »

Très-belles figures par *Eisen*, *Moreau*, *Cochin*, etc. Magnifique reliure de *Derome*.

251. Orlando furioso di Lodovico Ariosto. *Birmingham, Baskerville,* 1773, 4 vol. in-4, fig., mar. rouge. (*Rel. anc.*) 2000 »

Exemplaire tiré sur grand papier dans une belle reliure aux armes du marquis de Bièvre.

252. ŒUVRES DE MOLIÈRE, avec des remarques par M. Bret. *Paris*, 1773, 6 vol. in-8, mar. rouge. (*Rel. anc.*) 3500 »

Très-belle illustration, un des chefs-d'œuvre de *Moreau le jeune*.

Exemplaire précieux aux armes de Phélipeaux, duc de LA VRILLIÈRE, à qui l'édition est dédiée.

253. ŒUVRES DE MOLIÈRE, avec des remarques par M. Bret. *Paris*, 1773, 6 vol. in-8, mar. rouge, dent. (*Rel. anc.*) 3500 »

Cet exemplaire est dans une jolie reliure de *Derome le jeune*.

254. ŒUVRES DE MOLIÈRE, avec des remarques par M. Bret. *Paris*, 1773, 6 vol. in-8, mar. rouge. (*Rel. anc.*) 1800 »

Autre exemplaire de cette belle édition.

255. FABLES NOUVELLES PAR DORAT. *Paris*, 1773, in-8, fig., cart., *non rogné*. 8500 »

Le chef-d'œuvre du dessinateur *Marillier* et un des plus jolis livres du XVIIIe siècle.

Exemplaire tiré sur GRAND PAPIER auquel on a ajouté la suite des figures de *Marillier* en épreuves tirées hors texte, à toutes marges.

256. FABLES NOUVELLES PAR DORAT. *Paris*, 1773, in-8, fig., mar. rouge, dentelles. (*Rel. anc.*) 3500 »

Exemplaire en GRAND PAPIER dans une riche reliure.

257. CHOIX DE CHANSONS MISES EN MUSIQUE PAR M. DE LA BORDE. *Paris,* 1773, 2 vol. in-8, mar. rouge. (*Rel. anc.*) 10000 »

Chef-d'œuvre de *Moreau le jeune.*
Exemplaire splendide relié par *Derome.*

258. CHOIX DE CHANSONS MISES EN MUSIQUE PAR M. DE LA BORDE. *Paris*, 1773, 4 vol. in-8, veau. (*Rel. anc.*) 10000 »

Dans cet exemplaire les figures de *Moreau* sont AVANT LA LETTRE.

259. ESTAMPES POUR SERVIR A L'HISTOIRE DES MŒURS ET DU COSTUME des François dans le dix-huitième siècle. *Paris,* 1775-1783, in-fol., demi-rel. (*Rel. anc.*) 15000 »

3 suites ornées ensemble de 36 planches par *Moreau* et *Freudeberg*, qui constituent un des plus remarquables ouvrages à estampes du siècle dernier.
Les 24 figures de *Moreau* sont *avec le privilège du Roy.*

260. ROLAND FURIEUX, POËME HÉROÏQUE DE L'ARIOSTE. Traduction nouvelle par M. d'Ussieux. *Paris*, 1775, 4 vol. in-4, mar. rouge. (*Rel. anc.*) 2000 »

Superbe édition illustrée par *Cochin.*
Exemplaire en GRAND PAPIER relié par *Derome.*

261. SACRE ET COURONNEMENT DE LOUIS XVI, roi de France, à Rheims le 11 juin 1775.

*Paris,* 1775, in-4, mar. rouge. (*Rel. anc.*) 800 »

Orné de belles planches inspirées de celles qui décoraient la relation du sacre de Louis XV. Aux armes du roi Louis XVI.

262. Recueil des meilleurs contes de La Fontaine, Grécourt, Voltaire, Piron, etc. *Paris, Cazin,* 1778, 4 vol. in-12, mar. rouge, ornements. (*Cazin.*) 1000 »

Jolies figures de *Duplessis-Bertaux*. Avec les 4 volumes du *Fond du sac* par Nogaret et de la *Pucelle* par Voltaire, dans la même jolie reliure.

263. Romans et contes de Voltaire. *Bouillon*, 1778, 3 vol. in-8, mar. rouge. (*Thibaron.*) 850 »

Agréables illustrations de *Monnet*, *Marillier* et *Moreau*, épreuves avant les numéros.

264. Les Nouvelles de Marguerite, reine de Navarre. *Berne,* 1780, 3 vol. in-8, mar. rouge. (*Rel. anc.*) 1000 »

Cette édition, la plus belle de l'Heptameron, est ornée de figures par *Freudenberg* et *Dunker*.

265. La Pucelle d'Orléans par Voltaire. *Buckingham*, (1780), in-8, mar. citron, dent. (*Cuzin.*) 800 »

Contient la première suite des figures de *Moreau* avant la lettre et 10 eaux-fortes. Riche reliure.

266. CONTES DES FÉES PAR CHARLES PERRAULT. *Paris, Lamy*, 1781, in-8, mar. rouge, dent. (*Derome le jeune.*) 5000 »

GRAND PAPIER DE HOLLANDE. Frontispice et figures en double épreuve, l'une tirée en sanguine.

267. COLLECTION DE CENT VINGT ESTAMPES gravées d'après les tableaux du cabinet de M. Poullain. *Paris*, 1781, in-4, veau. (*Rel. anc.*) 500 »

Épreuves AVANT LA LETTRE.

268. LE PAYSAN ET LA PAYSANNE PERVERTIS, ou les dangers de la Ville par Retif de la Bretonne. *La Haye*, 1784, 4 vol. in-8, mar. rouge, dent. (*Rel. anc.*) 2000 »

Ce livre est le plus célèbre parmi ceux du fécond romancier, il a dû une partie de cette vogue aux 120 jolies figures de *Binet* dont il est orné.

Cette édition, dans laquelle les deux romans sont fondus, contient les figures en premières épreuves. Rare en vieux maroquin.

269. LES AVENTURES DE TÉLÉMAQUE. *Paris*, 1785, 2 vol. in-4, mar. rouge, dent. (*Rel. anc.*) 2500 »

Figures de *Moitte* gouachées d'une façon remarquable. Reliure de *Bradel-Derome*.

270. LES AVENTURES DE TÉLÉMAQUE PAR

FÉNELON. (*Paris, Didot*), 1785, 2 vol. in-4, fig., mar. rouge. (*Rel. anc.*) 800 »

Très-belles figures par *Monnet*.
Reliure de *Derome le jeune*.

271. ŒUVRES COMPLÈTES DE VOLTAIRE, avec des notes, par Condorcet. (*Kehl*), 1785, (1784-1789), 70 vol. in-8, mar. rouge. (*Rel. anc.*) 5000 »

Édition publiée par Beaumarchais, avec des figures par *Moreau*.
Exemplaire tiré sur GRAND PAPIER, avec les figures AVANT LA LETTRE, relié par *Bradel*.

272. LA FOLLE JOURNÉE ou le Mariage de Figaro par M. de Beaumarchais. *Paris*, 1785, in-8, mar. bleu, dentelles, doublé de mar. citron. (*Cuzin.*) 2000 »

Avec les figures de *Saint-Quentin* AVANT LA LETTRE et diverses pièces ajoutées.

273. CHANSONS NOUVELLES DE M. DE PIIS. *Paris*, 1785, in-12, mar. citron, doublé de mar. rouge. (*Cuzin.*) 750 »

Très-jolies figures de *Lebarbier*.

274. GALERIE DU PALAIS ROYAL, avec une description de chaque tableau par M[r] l'abbé de Fontenai. *Paris*, 1786-1808, 3 vol. in-fol., fig., mar. rouge, *non rognés*. 2000 »

355 planches de tableaux. Exemplaire en

GRAND PAPIER VÉLIN, avec les figures AVANT LA LETTRE.

275. FABLES DE LA FONTAINE, avec figures gravées par Simon et Coiny. *Paris*, 1787, 6 vol. in-12, mar. rouge. (*Rel. anc.*) 650 »

Figures AVANT LES NUMÉROS.
Reliure genre de *Bradel-Derome*.

276. PAUL ET VIRGINIE par J. Bernardin de Saint-Pierre. *Paris*, 1789, in-12, mar. vert. (*Cuzin.*) 1200 »

ÉDITION ORIGINALE ornée de jolies figures de *Moreau* AVANT LA LETTRE.

277. ŒUVRES COMPLÈTES DE REGNARD. *Paris*, 1790, 6 vol. in-8, mar. rouge. (*Rel. anc.*) 1000 »

Très-belle édition illustrée par *Moreau* et *Marillier*. Figures de *Borel* ajoutées.

278. LES AMOURS DE PSYCHÉ ET DE CUPIDON avec le poème d'Adonis, par La Fontaine. *Paris*, 1795, in-4, fig., mar. rouge, tabis. (*Lefebvre.*) 1000 »

Figures de *Moreau* AVANT LA LETTRE et avec la lettre sur papier bleu ; ces dernières rehaussées par l'artiste.

279. LES AMOURS DE PSYCHÉ ET DE CUPIDON par La Fontaine. *Paris*, *Didot*, 1797, 2 vol. in-12, mar. rouge, dent. (*Bozérian.*) 500 »

Figures de *Moreau*, AVANT LA LETTRE.

280. HISTOIRE DE MANON LESCAUT ET DU CHEVALIER DES GRIEUX, par l'abbé Prevost. *Paris, Didot l'aîné (pour Bleuet)*, 1797, 2 vol. pet. in-8, fig., mar. rouge, dent. (*Bozérian.*) 2500 »

GRAND PAPIER VÉLIN. Jolies figures de *Lefèvre* en triple état dont l'AVANT LA LETTRE et l'EAU-FORTE.

281. HISTOIRE DE MANON LESCAUT ET DU CHEVALIER DES GRIEUX, par l'abbé Prevost. *Paris, Didot*, 1797, 2 vol. in-12, fig., mar. bleu. (*Trautz-Bauzonnet.*) 2500 »

De la Collection Bleuet. Exemplaire avec les figures de *Lefèvre* en épreuves à l'état d'EAUX-FORTES et AVANT LA LETTRE.

282. L'ARETIN D'AUGUSTIN CARRACHE. (*Paris*, 1798), in-4, pl., mar. rouge, *non rogné.* (*Chambolle-Duru.*) 2000 »

Exemplaire avec les figures de *Coiny* AVANT LA LETTRE et EAUX-FORTES.

283. LES AMOURS DU CHEVALIER DE FAUBLAS, par J.-B. Louvet. *Paris*, 1798, 4 vol. in-8, mar. bleu, dent. (*Simier.*) 1200 »

Exemplaire en PAPIER VÉLIN avec les figures de *Marillier, Monsiau*, AVANT LA LETTRE.

284. LES AMOURS PASTORALES DE DAPHNIS ET DE CHLOÉ, traduites du grec de Longus

par Amyot. *Paris*, *Didot*, 1800, in-4, mar. bleu, comp. (*Simier.*) 3000 »

Exemplaire imprimé sur PEAU DE VÉLIN. Figures de *Prudhon* et du baron *Gérard*, AVANT LA LETTRE. Riche reliure.

285. HÉRO ET LÉANDRE poème traduit du grec de Musée par M. de Querelles. *Paris*, 1801, in-4, mar. rouge. (*Rel. anc.*) 750 »

Très-belles figures en couleurs de *Debucourt*.

286. COLLECTION COMPLÈTE DES TABLEAUX HISTORIQUES DE LA RÉVOLUTION FRANÇAISE. *Paris*, 1802, 3 vol. in-fol., pl., veau. (*Rel. anc.*) 1000 »

156 gravures et 69 portraits par *Prieur*, *Swebach*, *Duplessis-Bertaux*.

Exemplaire en PAPIER VÉLIN, avec les figures AVANT LA LETTRE.

287. LE MUSÉE FRANÇAIS. — LE MUSÉE ROYAL. *Paris*, 1803-1822, 6 vol. in-fol., pl., mar. rouge, dentelles, *non rognés*. (*Tessier.*) 2500 »

505 estampes représentant les chefs-d'œuvre de la peinture et de la sculpture.

Exemplaire avec les figures AVANT LA LETTRE.

288. LETTRES A ÉMILIE SUR LA MYTHOLOGIE par C. A. Demoustier. *Paris*, 1809, 3 vol. in-8, mar. bleu, dorures. (*Cuzin.*) 2000 »

Charmantes illustrations de *Moreau* en double épreuve, AVANT LA LETTRE et EAU-FORTE.

### c. Livres illustrés du XIX<sup></sup>e siècle.

289. Le Bon Genre. *Paris*, 1801-1820, in-fol. oblong, demi-reliure mar., *non rogné.* 3000 »

Suite de 115 caricatures de *Vernet*, *Lanté*, *Bosio*, des plus amusantes. Première édition publiée sans texte.

290. Chansons de Béranger. *Paris*, 1834, 5 vol. in-8, demi-rel., *non rognés.* 750 »

Suite des 112 figures de *Johannot*, *Charlet*, *Raffet*, etc., épreuves avant la lettre sur Chine. papier vélin.

291. Paul et Virginie et la chaumière indienne par B. de Saint-Pierre. *Paris*, *Curmer*, 1838, in-8, mar. doublé. (*Marius-Michel.*) 2500 »

Un des beaux livres de ce siècle ; figures de *Meissonier*, de *Français*, de *Johannot*.

Exemplaire *non rogné*, avec couverture et superbe reliure en mosaïque de *Marius-Michel.*

292. La Peau de Chagrin par Balzac. *Paris*, 1838, in-8, demi-rel. 500 »

Très-belle édition illustrée par *Gavarni*, *Baron*, *Janet-Lange*.

Exemplaire non rogné.

293. La Pléiade. Ballades, fabliaux, nou-

velles et légendes. *Paris, L. Curmer*, 1842, in-8, mar. rouge. (*Cuzin.*) 400 »

Très-belles illustrations de *Gavarni*, *Daubigny*, *Trimolet*.

294. CHANTS ET CHANSONS POPULAIRES DE LA FRANCE. *Paris*, 1843, 3 vol. in-8, cart., *non rognés*, couvertures. 500 »

Illustrations de *Meissonier*, *Daubigny*, *Trimolet*, gravées sur cuivre.

295. CONTES DU TEMPS PASSÉ par Ch. Perrault. *Paris, Curmer*, 1843, in-8, demi-rel., couverture. 500 »

Édition gravée ornée de figures de *Jacques*, *Daubigny*, *Pauquet*, etc.
Exemplaire NON ROGNÉ.

296. JOURNAL DE L'EXPÉDITION DES PORTES DE FER, par Ch. Nodier. *Paris*, 1844, in-8, cart. 500 »

Une des plus belles séries d'illustrations de *Raffet*.

297. NOTRE-DAME DE PARIS par Victor Hugo. *Paris*, *Perrotin*, 1844, gr. in-8, demi-rel., *non rogné*, couverture. 300 »

Figures de *Meissonier*, *Lemud*, *Johannot*, etc.

298. CHANSONS DE BÉRANGER. *Paris*, 1851, 4 vol. in-8, demi-rel., *non rognés*. 800 »

Figures de *Lemud*, *de Daubigny*, *Pauquet*, *Jacques*, etc., en épreuves AVANT LA LETTRE.

299. LES CONTES DROLATIQUES PAR BALZAC. *Paris*, 1855, in-8, mar. vert. (*Reymann.*) 2500 »

Humoristiques illustrations de *Gustave Doré*. Exemplaire tiré sur PAPIER DE CHINE.

300. L'IMITATION DE JÉSUS-CHRIST. Texte latin suivi de la traduction de P. Corneille. *Paris*, *Imprimerie impériale*, 1855, in-fol., mar. rouge doré en plein. 1000 »

Chef-d'œuvre de typographie. Ornements et planches en noir et en couleurs. Somptueuse reliure.

301. LES CONTES RÉMOIS par le comte de Chévigné. *Paris*, 1858, in-8, mar. rouge. (*Chambolle-Duru.*) 800 »

Très-jolies illustrations de *Meissonier*. Exemplaire auquel on a joint la suite des *fumés* sur PAPIER DE CHINE.

302. LA SAINTE BIBLE, traduction par J. Bourassé. Dessins de G. Doré. *Tours*, 1866, 2 tomes en un vol. in-fol., fig., mar. rouge, doublé de mar. vert, dorures à la fanfare. (*Chambolle-Duru et Marius-Michel.*) 1000 »

Exemplaire tiré sur PAPIER DE CHINE. Très-riche reliure.

303. ŒUVRES COMPLÈTES DE ALFRED DE

MUSSET. *Paris*, 1866, 11 vol. in-8, mar. bleu. (*David.*) 1000 »

Édition des amis du poète ornée des figures de *Bida*. Suite des figures de *Pille*, de *Lami*, de *A. Moreau*, *Gervex*, etc, en différents états ajoutées.

304. LA CHRONIQUE DE CHARLES IX par P. Mérimée. *Paris*, *Société des Amis des Livres*, 1876, 2 vol. in-8, *brochés*. 1000 »

Jolie suite d'illustrations dessinées et gravées à l'eau-forte par *Edmond Morin*.

305. MONSIEUR, MADAME ET BÉBÉ, par Gustave Droz. *Paris*, 1878, in-8, *broché*. 400 »

Amusantes illustrations de *Edmond Morin*. PAPIER DE CHINE.

306. L'ELDORADO OU FORTUNIO, par Th. Gautier. *Paris*, *Société des Amis des Livres*, 1880, in-8, mar. rouge doublé de mar. rouge, dorures. (*Lortic.*) 1000 »

Figures de *Milius* et de *P. Avril*.

307. LE LION AMOUREUX PAR F. SOULIÉ. *Paris*, *Conquet*, 1882, in-8, mar. bleu. (*Joly.*) 800 »

Figures de *Sahib* en triple état.
PAPIER DU JAPON.

308. LES DAMES GALANTES DE BRANTÔME.

*Paris*, *Jouaust*, 1882, 3 volumes in-8, cart. 600 »

Dessins d'*Edouard de Beaumont*, gravés par *Boilvin* en triple état. Charmantes illlustrations.

309. HISTOIRE DES QUATRE FILS AYMON. *Paris*, 1883, in-4, mar. brun, incrusté en mosaïque. (*Marius-Michel.*) 1200 »

Remarquables illustrations de *Grasset.*

Exemplaire tiré sur PAPIER DE CHINE ; reliure ciselée de *Marius-Michel.*

310. EUGÉNIE GRANDET, PAR H. DE BALZAC. *Paris*, *Société des Amis des Livres*, 1883, in-8, *broché.* 1000 »

Figures d'après les dessins du peintre *Dagnan.*

311. MONTESQUIEU. LETTRES PERSANES. *Paris*, *Jouaust*, 1886, 2 tomes en un vol. in-8, mar. doublé. (*Canape.*) 500 »

Très-jolies illustrations de *Beaumont* gravées par *Boilvin.*

Exemplaire sur CHINE; figures avec et AVANT LA LETTRE. Charmante reliure en mosaïque.

312. LA VIE RUSTIQUE par A. Theuriet. *Paris*, 1888, gr. in-8, demi-rel. 1500 »

Illustrations dues à *Lhermitte* et à *Bellenger*, dignes de l'estime dans laquelle elles sont tenues.

GRAND PAPIER VÉLIN, figures en double épreuve dont une à l'état de *fumé* sur CHINE.

313. NOTRE-DAME DE PARIS, par V. Hugo. *Paris*, 1889, 2 vol. in-4, demi-rel. 1000 »

Très-belles illustrations de *Luc-Olivier Merson* en triple état.

314. LA MARE AU DIABLE DE G. SAND. *Paris*, 1889, in-8, mar. doublé. (*Chambolle-Duru.*) 1000 »

Belles illustrations de *Rudaux*, épreuves en triple état. Riche reliure en mosaïque.

315. ZADIG, par Voltaire. *Paris*, *Société des Amis des Livres*, 1893, in-8, fig., *broché*. 1500 »

Illustrations de *Rops*, *Garnier* et *Robaudi*, gravées à l'eau-forte en couleurs par *Gaujean*.

316. LES TROIS MOUSQUETAIRES, PAR ALEX. DUMAS. *Paris*, 1894, 2 vol. in-8, fig., *brochés*. 1000 »

PAPIER DE CHINE.

Figures de *Maurice Leloir* en double épreuve. Dessin original de *M. Leloir* ajouté.

317. FLAUBERT. UN CŒUR SIMPLE. — HÉRODIAS. — LA LÉGENDE DE SAINT JULIEN L'HOSPITALIER. *Paris*, *Ferroud*, 1892-1895, 3 vol. in-8, *brochés*. 1250 »

Figures de *Rochegrosse*, *Luc-Olivier Merson* et *E. Adan* en triple état. PAPIER VÉLIN.

318. LORENZACCIO PAR A. DE MUSSET. *Paris*,

*Société des Amis des Livres*, 1895, in-8, *broché*. 450 »

Belles illustrations du peintre *Maignan*.

319. OEUVRES DE FRANÇOIS VILLON. Illustrations de Robida. *Paris*, 1897, in-8, mar. brun. (*Marius-Michel.*) 800 »

Exemplaire de l'éditeur L. Conquet tiré sur CHINE, avec suite d'état, dessin de Robida, ballade de J. Marthold. Reliure monastique de *Marius-Michel*.

## *d*. LIVRES AVEC DESSINS ORIGINAUX ET DESSINS SÉPARÉS.

320. DESSINS A L'AQUARELLE DESTINÉS A L'ILLUSTRATION D'UN LIVRE D'HEURES. *S. l.*, 1612, in-fol., mar. rouge. (*Duru.*) 2000 »

Un frontispice et 20 grands dessins, sujets de l'histoire religieuse. Les personnages sont dans le costume du commencement du XVIIe siècle et dans deux peintures : David et Bethsabée, et David en prières, le roi David est représenté sous les traits du roi Henri IV.

Le volume renferme en outre 54 grandes lettres ornées peintes à l'aquarelle, très variées, sujets grotesques, mythologiques, etc.

321. DESSINS ORIGINAUX DE PARROCEL pour le traité d'équitation de La Guérinière. 1751. In-4, demi-rel. 800 »

47 dessins exécutés à la sanguine.

322. Dessins originaux d'Eisen et de Cochin pour le poème de Lucrèce. 1754, in-4, rel. mosaïque. 3500 »

12 dessins exécutés à la mine de plomb, 5 par *Eisen* et 7 par *Cochin*.

323. Fables nouvelles par Imbert. *Paris*, 1773, in-8, mar. rouge. (*Chambolle-Duru.*) 800 »

Le frontispice par *Moreau* est en triple état et accompagné du dessin original.

324. La Tentation de S. Antoine. — Le Pot-Pourri de Loth, par Sedaine. (*Paris*), 1781, in-8, fig., mar. rouge, gaufrures. (*Thouvenin.*) 2000 »

Exemplaire orné des 18 dessins originaux à la sépia par *Borel.*

325. Orlando furioso di Lodovico Ariosto. *Paris*, 1788, 9 vol. in-4, mar. citron. (*Rel. anc.*) 7500 »

Exemplaire unique tiré sur vélin orné de 53 dessins originaux de *Lapi.*

326. Dessins de Louis David. 1804. In-4, mar. vert, dorures. (*Rel. anc.*) 1800 »

42 dessins et croquis, études pour le tableau du *Sacre de Napoléon Ier*. Portraits de l'impératrice et de plusieurs membres de la famille impériale. Reliure aux armes impériales.

327. Dessins originaux de Lebarbier pour les Incas de Marmontel. *Paris*, 1810, *en feuilles*. 2500 »

Six dessins à la plume et à l'encre de Chine, signés et datés.

328. Les Amours du chevalier de Faublas, par Louvet de Couvray. *Paris*, 1821, 4 vol. in-8, mar. rouge. (*Simier*.) 2000 »

Édition illustrée de 8 figures par *Colin*, épreuves en triple état et suite des 8 dessins originaux à la sépia.

329. Vues des Côtes de France par L. Garneray. *Paris*, 1822, in-fol. obl., mar. rouge, dent. (*Rel. du temps*.) 1000 »

63 planches très finement coloriées et gouachées par *Garneray* formant autant de dessins originaux.

Aux armes du duc d'Angoulême.

330. Onze dessins originaux de Corbould, à la plume et à la sépia, pour Paul et Virginie, la Chaumière Indienne et l'Arcadie, de Bernardin de Saint-Pierre. 1000 »

331. Album de dessins, croquis et aquarelles de Hippolyte Bellangé. In-fol. obl., cart. 2500 »

Recueil de 140 aquarelles, dessins à la plume, dessins au crayon ; sujets militaires, sujets populaires, facéties, caricatures, etc., etc.

Le recueil a été formé par le statuaire Mène qui a ajouté un portrait de Bellangé et une lettre autographe de l'artiste.

332. La Lorette par Edmond et Jules de Goncourt. *Paris*, 1853, in-12, mar. doublé. (*Hardy*.) 1500 »

Charmant exemplaire formé par l'éditeur Curmer contenant 10 aquarelles de *Pauquet* et des lettres autographes de Gavarni et des frères de Goncourt.

333. Fanny par Ernest Feydeau. *Paris*, 1858, in-8, mar. brun. (*Joly*.) 750 »

Édition spéciale ornée dans les marges de 130 amusantes aquarelles de *Henriot*.

334. Aventures prodigieuses de Tartarin de Tarascon, par Alph. Daudet. *Paris*, 1872, mar. doublé. (*Joly*.) 800 »

Orné de 15 charmants dessins par *Poirson*. Riche et belle reliure.

335. Le Livre de la Payse, par André Theuriet. *Paris*, 1883, in-8, mar. rouge. 3500 »

Ravissant volume orné dans les marges de 83 charmantes aquarelles de *Giacomelli*, exécutées il y a une quinzaine d'années.

336. Dessins originaux de Edmond Hédouin pour les Œuvres de Molière. *Paris*,

1878-1888, in-fol., mar. ronge. (*Chambolle-Duru.*) 15000 »

Suite de 35 dessins au crayon noir, avec rehauts de blanc, sur papier bleu.

Une des plus belles illustrations faites pour le théâtre de Molière.

337. DESSINS ORIGINAUX DE JACQUES LEMAN pour les Œuvres de Molière. *Paris*, 1882-1896. 3000 »

Importante collection comprenant 1 portrait et 16 grands dessins à l'encre de Chine, 394 dessins à la plume pour les ornements du texte et un nombre considérable de croquis et de gravures, provenant de l'artiste permettant de former un exemplaire des œuvres de Molière absolument exceptionnel.

338. LA VIE A MONTMARTRE PAR G. MONTORGUEIL. *Paris*, 1899, 2 vol. in-8, *brochés*. 2500 »

Très-intéressantes lithographies et aquarelles documentaires de *Vidal*.

Exemplaire sur PAPIER DU JAPON avec 155 dessins originaux de *Vidal*.

339. FLEURS DE CYCLAMENS, par André Theuriet. Illustrations de Ch. Coppier. *Paris*, 1899, in-4, fig, *broché*. 2000 »

Exemplaire contenant les 13 dessins originaux à l'aquarelle de *Ch. Coppier*, et les tirages en différents tons de toutes les planches.

340. Cyrano de Bergerac. Drame en cinq actes, par Edmond Rostand. *Paris*, 1899, in-4, *en feuilles*. 3500 »

Exemplaire imprimé spécialement pour être orné de 76 aquarelles par *E. Grivaz*.

341. Peintures indiennes. Pet. in-fol., mar. rouge. (*Simier*.) 2000 »

Recueil de 21 miniatures indiennes du XVIIe siècle d'une exécution remarquable.

---

342. Procris tuée d'un coup de flèche par Cephale, dessin à la plume et à la sépia, par F. Boucher. 2000 »

343. Les Pêcheurs d'huîtres.—Le Marché aux poissons. Deux dessins à la plume et à l'aquarelle par Ch. Eisen. 2500 »

344. Griffon mené au supplice. Dessin à la sépia par Moreau le jeune, signé. 800 »

A été gravé par *De Launay*, pour l'Arioste.

345. La Comédie italienne, dessin à l'aquarelle et à la gouache par Gabriel de Saint-Aubin. 1200 »

346. Coin de parc avec fontaines et charmilles, dessin à la sépia par H. Fragonard. 2500 »

347. CONCERT DE CHAMBRE. Dessin à l'aquarelle par Schenau, signé et daté 1768. 1200 »

348. LE CHARLATAN. Dessin à l'aquarelle par Ant. Borel. 3000 »

Important dessin signé. A été gravé en couleur par *Leveillé*.

349. LA PRÉSIDENTE TOURVEL ADRESSANT UNE LETTRE A VALMONT. Scène des Liaisons dangereuses. Dessin à la gouache et à l'aquarelle par Touzé. 2500 »

A été gravé en couleur par *Girard*.

## 5. OUVRAGES RICHEMENT RELIÉS

*a.* RELIURES AVEC ARMOIRIES DE SOUVERAINS, PERSONNAGES HISTORIQUES, AMATEURS CÉLÈBRES.

350. ALBERTI MAGNI... POSTILLATIO IN APOCALYPSIM. *Bâle*, 1506, in-4 goth., veau, comp. (*Rel anc.*) 4000 »

Aux armes et emblèmes du roi LOUIS XII et de la reine ANNE DE BRETAGNE.

351. SCENECÆ TRAGŒDIÆ. *Venise*, *Alde*, 1517, in-8, veau brun. 4000 »

Aux armes et emblèmes du roi FRANÇOIS Ier.

352. PONTIFICALE. *Lyon*, 1511, in-fol., veau, comp. (*Rel. anc.*) 3500 »

Aux armes et emblèmes du roi FRANÇOIS Ier.

353. PETRI ALCYONII MEDICES LEGATUS DE

EXSILIO. *Venise*, *Alde*, 1522, in-4, veau brun, fil. à froid et orn. dorés. (*Rel. anc.*) 2500 »

Avec les armoiries, le chiffre et la salamandre du roi FRANÇOIS Ier.

354. GOTHORUM SUEONUMQUE HISTORIA. Autore Jo. Magno Gotho. *Rome*, 1554, in-fol., mar. fauve, comp. (*Rel. anc.*) 12000 »

Aux armes, en mosaïque, du roi HENRI II. Reliure d'une rare beauté.

355. DÉCRETS DU CONCILE DE TRENTE (1550). In-fol. mar. brun, comp. (*Rel. anc.*) 3500 »

Manuscrit sur VÉLIN aux armes du roi HENRI II. Riche reliure.

356. LE LIVRE DES STATUTS ET ORDONNANCES DE L'ORDRE SAINCT MICHEL estably par le roy Loys unzième. (*Paris*, 1550), in-4, veau, comp. (*Rel. anc.*) 3500 »

Exemplaire imprimé sur VÉLIN. Reliure aux armes du roi HENRI II.

357. LES PREMIÈRES ŒUVRES DE PHILIPPE DESPORTES. *Paris*, 1573, in-4, veau, doré en plein. (*Rel. anc.*) 3000 »

Parmi les riches entrelacs de la reliure le chiffre de la reine CATHERINE DE MÉDICIS.

358. LIVRE DE LA GÉNÉRATION DE L'HOMME; de la geniture de l'homme ; de la nature

et utilité des moys des femmes, par G. Chrestian. *Paris*, 1559, in-8, vélin doré. (*Rel. anc.*) 3500 »

Avec les chiffres et emblèmes de Diane de Poitiers, duchesse de Valentinois.

359. M. V. Martialis epigrammaton. *Lyon*, 1546, in-12, veau, comp. de mosaïque. (*Rel. anc.*) 2500 »

Exemplaire avec le dauphin du roi François II, sur le dos et les plats.

360. Georgii Pachymeræ paraphrasis in omnia Dionysii Areopagitæ, opera quæ extant. *Paris*, 1561, in-8, mar. vert, comp., semis. (*Rel. anc.*) 3500 »

Reliure aux armes peintes et au chiffre du roi Charles IX.

361. Commentaires de Blaise de Montluc, maréchal de France. *Paris*, 1607, in-8, mar. vert. (*Rel. anc.*) 500 »

Aux armes de Charles de Valois, fils naturel du roi Charles IX.

362. Œuvres spirituelles de Henry Suso. *Paris*, 1586, in-8, mar. rouge, comp. (*Rel. anc.*) 3500 »

Avec les armes, la devise et les emblèmes du roi Henri III.

363. Le Livre des Statuts et Ordonnances

DE L'ORDRE ET MILICE DU SAINCT ESPRIT, estably par le roy Henry troisième. (*Paris*, 1578), in-4, mar. rouge, ornements. (*Rel. anc.*) 2500 »

Exemplaire imprimé sur VÉLIN.
Reliure aux armes du roi HENRI III.

364. HISTORIA UNIVERSALE DELL' ORIGINE ET IMPERIO DÉ TURCHI raccolta da F. Sansovino. *Venise*, 1573, in-4, mar. rouge, semis. (*Rel. anc.*) 1500 »

Armes et chiffre du roi HENRI III.

365. GL'ANNALI TURCHESCHI, di M. F. Sansovino. *Venise*, 1573, in-4, mar. rouge, semis. (*Rel. anc.*) 1500 »

Armes et chiffre du roi HENRI III.

366. LE PROMPTUAIRE DES EXEMPLES DES VERTUS ET DES VICES, par Nic. Hanape. *Anvers*, 1569, in-8, mar. brun. (*Rel. anc.*) 1000 »

Aux armes et emblèmes funèbres du roi HENRI III.

367. NOVUM JESU CHRISTI D. N. TESTAMENTUM. *Lyon*, 1599, in-12, mar. brun, dos et plats fleurdelisés. (*Rel. anc.*) 3000 »

Aux armes et chiffre du roi HENRI IV.

368. XENOPHONTIS OPERA. *Francfort*, 1596,

in-fol., mar. vert, bandes et semis. (*Rel. anc.*) 3000 »

Exemplaire aux armes et chiffre du roi HENRI IV.

369. ARRÊTS SUR QUELQUES QUESTIONS NOTABLES prononcés au Parlement de Provence. *Paris*, 1606, in-8, mar. citron. (*Rel. anc.*) 1200 »

Aux armes du roi HENRI IV.

370. LE PSAULTIER DE DAVID, contenant cent cinquante pseaumes. *Paris*, 1586, in-4, mar. vert, doré en plein. (*Rel. anc.*) 4000 »

Superbe reliure à la fanfare, exécutée par l'un des *Ève*, pour la reine MARGUERITE DE VALOIS.

371. DE HISTORIA STIRPIUM, L. FUCHSIO AUTORE. *Lyon, Jean de Tournes*, 1555, in-12, mar. citron, doré en plein. (*Rel. anc.*) 3000 »

Reliure exécutée pour la reine MARGUERITE DE VALOIS. Le volume avec sa dorure exécutée sur un fond d'or présente l'aspect d'un joyau d'orfèvrerie.

372. PARAPHRASIS PSALMORUM DAVIDIS... auctore G. Buchanano, Scoto. *Anvers, Plantin*, 1588, in-12, mar. vert, doré en plein. (*Rel. anc.*) 2500 »

Reliure avec dorures, armoiries, devise, de la reine MARGUERITE DE VALOIS. Volume mince et élégant.

373. CALLIMACHI HYMNI, EPIGRAMMATA ET FRAGMENTA QUÆ EXSTANT. *Anvers*, *Plantin*, 1584, in-12, mar. vert, doré en plein. (*Rel. anc.*) 2500 »

Reliure exécutée pour la reine MARGUERITE DE VALOIS.

374. HISTOIRE DE S. LOYS, roy de France, par messire Jean, sire de Jonville. *Paris*, 1617, in-4, mar. vert, dos et plats fleurdelisés. (*Rel. anc.*) 3000 »

Aux armes de la reine MARIE DE MÉDICIS.

375. DISCOURS... OU HISTOIRE DES TROUBLES, meuz par Luther, Calvin, et leurs conjurez et partisans contre l'Eglise Catholique, par R. G. Guillaume Lindan. *Paris*, 1570, in-8, mar. vert, comp. (*Rel. anc.*) 5000 »

Reliure aux chiffres de Louis XIII et d'ANNE d'AUTRICHE.

376. LES EPITRES DE SAINTE CATHERINE DE SIENNE. *Paris*, 1644, in-4, mar. rouge fleurdelisé. (*Rel. anc.*) 1500 »

Aux armes de la reine ANNE d'AUTRICHE.

377. LES RAYONS DE LA DIVINITÉ DANS LES CRÉATURES, par Cl. Morel. *Paris*, 1654, in-8, mar. rouge. (*Rel. anc.*) 1500 »

Aux armes de la reine ANNE d'AUTRICHE.

378. HISTOIRE DU ROYAUME DE TUNQUIN par le R. P. Alexandre de Rhodes. *Lyon*, 1651, in-4, maroquin vert fleurdelisé. (*Rel. anc.*) 1200 »

Exemplaire aux armes de la reine ANNE d'AUTRICHE.

379. ELOGES HISTORIQUES DES EMPEREURS, DES ROYS, des princes, des impératrices, des reynes et des princesses qui ont excellé en piété par Ant. Godeau. *Paris*, 1667, in-4, mar. rouge. (*Rel. anc.*) 750 »

Aux armes de la reine ANNE d'AUTRICHE.

380. LHYSTOIRE DU SAINCT GREAAL, qui est le premier livre de la Table ronde. *Paris*, 1523, in-4 goth., mar. vert, semis. (*Rel. anc.*) 5000 »

Exemplaire du roi LOUIS XIV, dont le chiffre couronné couvre le dos et les plats du volume.

381. HISTOIRE DE BRETAGNE, par Dom Lobineau. *Paris*, (*Rennes*), 1707, 2 vol. in-fol., portr. et pl., mar. rouge. (*Rel. anc.*) 1000 »

Aux armes du roi LOUIS XIV.

382. DIVERS ECRITS OU MÉMOIRES sur le livre intitulé : Explication des Maximes des Saints. Par J.-B. Bossuet. *Paris*,

*Anisson*, 1698, in-8, mar. rouge. (*Rel. anc.*) 500 »

Édition originale. Exemplaire aux armes du Grand Dauphin, fils de Louis XIV, élève de Bossuet.

383. Les Désirs du Ciel par l'abbé de Cordemoy. *Paris*, 1698, in-8, mar. rouge. (*Rel. anc.*) 1000 »

Aux armes de la marquise de Maintenon.

384. Les Paralipomènes, traduits en françois par Le Maistre de Sacy. *Paris*, 1693, in-8, mar. rouge. (*Rel. anc.*) 750 »

Aux armes de la marquise de Maintenon.

385. Le Cérémonial François, par Théodore et Denys Godefroy. *Paris*, 1649, 2 vol. in-fol., mar. rouge. (*Rel. anc.*) 1800 »

Exemplaire en Grand papier aux armes et chiffre de la marquise de Montespan.

386. Histoire du Roy Louis le Grand, par les médailles, emblèmes, etc., par le Pere Cl. Fr. Menestrier. *Paris*, 1689, in-fol., fig., mar. rouge doublé de mar. rouge. (*Rel. anc.*) 1500 »

Plusieurs vues de Paris. Reliure doublée aux armes du duc de Maine.

387. Les Pseaumes imitez (par Jean Bonnain).

*Paris*, 1706, in-12, mar. rouge, doublé de mar. vert. (*Rel. anc.*) 500 »

Exemplaire de dédicace aux armes du duc du MAINE.

388. DIVERS ÉCRITS OU MÉMOIRES sur le livre intitulé : Explication des Maximes des Saints, par messire J.-B. Bossuet. *Paris*, 1698, in-8, mar. rouge. (*Rel. anc.*) 1000 »

ÉDITION ORIGINALE de ce volume qui contient toute la relation de la controverse entre Bossuet et Fénelon.

Aux armes de la duchesse du MAINE.

389. LES VIES DES HOMMES ILLUSTRES. — LES ŒUVRES MORALES ET PHILOSOPHIQUES, de Plutarque, traduites par Jacques Amyot. *Paris*, 1618-1619, 4 vol. in-fol., mar. rouge. (*Rel. anc.*) 750 »

Aux armes du comte de TOULOUSE.

390. ETAT ABRÉGÉ DE LA MARINE DU ROI, 1773. In-8, mar. rouge, doublé de mar. vert. (*Rel. anc.*) 1200 »

Ce manuscrit présenté à Louis XV est dans une riche reliure de *Derome* avec dentelles à l'intérieur et à l'extérieur avec les armes et le chiffre du Roi.

391. LA MUSE LIMONADIÈRE par Madame

Bourette. *Paris*, 1755, 2 vol. in-12, mar. rouge. (*Rel. anc.*) 600 »

Aux armes de la reine MARIE LECZINSKA.

392. LES ŒUVRES DE THÉATRE de M. Dancourt. *Paris*, 1742, 8 vol. pet. in-8, mar. rouge. (*Rel. anc.*) 650 »

Exemplaire aux armes de Madame ADELAÏDE, fille du roi Louis XV.

393. HISTOIRE UNIVERSELLE de Jacque-Auguste de Thou, depuis 1543 jusqu'en 1607. *Londres* (*Paris*), 1734, 16 vol. in-4, mar. citron. (*Rel. anc.*) 1000 »

La meilleure histoire de France au seizième siècle.

Aux armes de madame SOPHIE, fille du roi Louis XV.

394. L'OFFICE DE LA SEMAINE SAINTE. *Paris*, 1741, in-8, mar. rouge doré en plein. (*Rel. anc.*) 1000 »

Aux armes de la marquise de POMPADOUR.

395. POÉSIES SACRÉES de Le Franc de Pompignan. *Paris*, 1763, in-4, fig. d'Eisen et de Cochin, mar. rouge. (*Rel. anc.*) 2000 »

Aux armes de la comtesse DU BARRY.

396. HISTOIRE DE LA VILLE DE BORDEAUX, par dom Devienne. *Bordeaux*, 1771, in-4, fig., mar. rouge. (*Rel. anc.*) 1800 »

Aux armes de la comtesse DU BARRY.

397. HISTOIRE POLITIQUE DES GRANDES QUERELLES ENTRE CHARLES-QUINT ET FRANÇOIS I$^{er}$, par M. Gœzmann. *Paris*, 1777, 2 vol. in-8, fig., mar. rouge. (*Rel. anc.*) 3500 »

Aux armes de la reine MARIE-ANTOINETTE.

398. TRAITÉ ÉLÉMENTAIRE OU PRINCIPES DE PHYSIQUE, par M. Brisson. *Paris*, 1789, 3 vol. in-8, mar. rouge. (*Rel. anc.*) 2000 »

Aux armes de la reine MARIE-ANTOINETTE.

399. THÉÂTRE DE CAMPAGNE, ou recueil de parades les plus amusantes. *Paris*, 1767, in-8, veau. (*Rel. anc.*) 1500 »

Recueil de pièces libres et scatologiques des Grandval père et fils.

Curieux exemplaire aux armes de la reine MARIE-ANTOINETTE.

400. NOUVEAU VOYAGE DANS L'AMÉRIQUE SEPTENTRIONALE en 1781, et campagne de l'armée de M. le comte de Rochambeau. *Paris*, 1782, in-8, veau. (*Rel. anc.*) 600 »

Histoire de la campagne des Français en faveur des États-Unis.

Aux armes de la reine MARIE-ANTOINETTE.

401. LA THEOTRESCIE ou la seule véritable religion démontrée par l'abbé Hespelle.

*Paris*, 1780, 3 vol. pet. in-8, mar. rouge. (*Rel. anc.*) 750 »

Exemplaire aux armes de madame ELISABETH, sœur du roi Louis XVI.

402. DESCRIPTION HISTORIQUE DE LA VILLE DE PARIS. — DESCRIPTION DES CHÂTEAUX DE VERSAILLES ET DE MARLY, par Piganiol de la Force. *Paris*, 1764-1765, 12 vol. pet. in-8, planches, mar. rouge. (*Rel. anc.*) 2500 »

Aux armes de la comtesse d'ARTOIS.

403. HENRI VIII. ASSERTIO SEPTEM sacramentorum adversus Martin. Lutherum. *Londres*, 1521, in-4, veau brun, comp. à froid. (*Rel. anc.*) 7500 »

Première édition de ce traité fameux écrit par le roi d'Angleterre « *le bouclier de la foi* ».

Exemplaire relié aux armes de HENRI VIII, portant à deux endroits sa signature autographe.

404. EUTHYMII... COMMENTATIONES IN OMNES PSALMOS. *Verone*, 1530, in-fol., veau fauve doré en plein. (*Rel. anc.*) 10000 »

Admirable reliure portant le nom et la devise de J. GROLIER.

405. EUTHYMII... COMMENTATIONES IN OMNES PSALMOS. *Verone*, 1530, in-fol., mar. vert, riches dorures. (*Rel. anc.*) 10000 »

Autre exemplaire de J. GROLIER avec son nom

et sa devise ; c'est celui cité par Le Roux de Lincy sous le nº 114 de la bibliothèque de Grolier.

406. J. AURELIUS AUGURELLUS. *Venise*, *Alde*, 1505, in-8, mar. citron, doré en plein. (*Rel. anc.*) 10000 »

Exemplaire de J. GROLIER. Conservation surprenante.

407. AUG. NIPHI MEDICIS... DE PULCHRO LIBER. *Rome*, 1531, in-4, mar. rouge, dorures avec entrelacs de fil. (*Rel. anc.*) 8000 »

Exemplaire de J. GROLIER. Le dessin de la dorure est d'une rare élégance.

408. A. S. SANNAZARII DE PARTU VIRGINIS. *Venise*, *Alde*, 1533, in-8, mar. vert, doré en plein. (*Rel. anc.*) 8000 »

Exemplaire de J. GROLIER. Etat de neuf.

409. C. VALERII FLACCI ARGONAUTICA. *Venise*, *Alde*, 1523, in-8, mar. bleu, doré en plein. (*Rel. anc.*) 8000 »

Exemplaire de J. GROLIER. Etat de neuf.

410. P. CRINITI LIBRI DE POETIS LATINIS. *Florence*, 1505, in-fol., veau fauve, entrelacs de fil. et fers azurés, milieux en mosaïque. (*Rel. anc.*) 7500 »

Avec le nom et la devise de J. GROLIER. Dessin rare et curieux.

**411**. AUG. STEUCHI, ENARRATIONES IN PSALMOS. *Lyon*, 1548, in-fol., veau, milieux et coins d'angles en éventail, bandes de mosaïque. (*Rel. anc.*) 7000 »

Curieuse reliure avec le nom et la devise de J. GROLIER.

**412**. ARCADIA DEL SANNAZARO. *Venise*, *Alde*, 1534, in-8, mar. brun, comp. (*Rel. anc.*) 6000 »

Exemplaire de J. GROLIER avec son nom et sa devise.

**413**. L. APULEII METAMORPHOSES. *Venise*, *Alde*, 1521, in-8, mar. bleu, comp. (*Rel. anc.*) 6000 »

Avec le nom et la devise de J. GROLIER.

**414**. DIOGENIS. BRUTI. YPPOCRATIS MEDICI. Epistole. *Florence*, 1487, in-4, veau fauve, comp. (*Rel. anc.*) 6000 »

Exemplaire de J. GROLIER avec son nom et sa devise. Reliure très-décorée.

**415**. BEATI RHENANI RERUM GERMANICARUM LIBRI TRES. *Bâle*, 1531, in-fol., veau brun, comp. (*Rel. anc.*) 5000 »

Exemplaire de J. GROLIER avec son nom et sa devise.

**416**. JUVENALIS. PERSIUS. *Venise*, *Alde*,

1535, in-8, veau fauve, comp. (*Rel. anc.*) 5000 »

Exemplaire portant le nom de J. GROLIER.

417. H. OSORII LUSITANI DE NOBILITATE CIVILI LIBRI II. *Florence*, 1552, in-8, veau fauve, entrelacs de mosaïque. (*Rel. anc.*) 4000 »

Avec le nom et la devise de J. GROLIER.

418. STATII SYLVARUM, ACHILLEIDOS, THEBAIDOS. *Venise*, *Alde*, 1519, in-8, mar. citron, comp. (*Rel. anc.*) 4000 »

Exemplaire de J. GROLIER avec son nom et sa devise.

419. FR. IRENICUS. GERMANIÆ EXEGESEOS. *Hagueneau*, 1518, in-fol., veau fauve, comp. de mosaïque. (*Rel. anc.*) 3500 »

Avec le nom et la devise de J. GROLIER.

420. DES. ERASMI ROT. ECCLESIASTÆ. *Bâle*, 1535, in-fol., veau brun. (*Rel. anc.*) 3000 »

Exemplaire de J. GROLIER avec son nom et sa devise.

421. LE CINQUANTA NOVELLE DI MASSUCCIO SALERNITANO. *Venise*, 1541, in-8, mar. fauve marbré, dorures, mosaïque et sablé d'or. (*Rel. anc.*) 8000 »

Exemplaire de Th. MAIOLI avec son nom et sa devise.

422. Le Guerre de Greci, scritte da Senophonte. *Venise,* 1550, in-4, mar. fauve marbré, entrelacs dorés en plein. (*Rel. anc.*) 8000 »

Très-élégante reliure portant le nom de Th. Maioli.

423. L'Andria et l'Eunucho di Terentio. *Venise, Alde,* 1544, in-8, mar. brun marbré. (*Rel. anc.*) 6000 »

Magnifique reliure à compartiments de filets faite pour Th. Maioli.
Le volume est imprimé sur papier bleu.

424. J. L. Vivis, de concordia et discordia in humano genere. *Anvers,* 1529, in-8, veau fauve, comp. de mosaïque. (*Rel. anc.*) 6000 »

Riche reliure en mosaïque portant le nom et la devise de Th. Maioli.

425. Fr. Nauseæ Blancicampiani... libri mirabilium septem. *Cologne,* 1532, in-4, fig., mar. vert, comp. (*Rel. anc.*) 3500 »

Exemplaire de Th. Maioli, avec son nom et sa devise. Reliure avec une décoration très riche et très-élégante.

426. Tirante il Bianco valorosissimo cavaliere. *Venise,* 1538, in-4, mar. rouge, comp. (*Rel. anc.*) 3500 »

Sur les plats l'emblème de D. Canevarius.

427. COSTANTINO CESARE DE NOTEVOLI ET UTILISSIMI AMMAESTRAMENTI DELL' AGRICOLTURA. *Venise*, 1542, in-8, mar. rouge, comp. (*Rel. anc.*) 2000 »

Exemplaire avec l'emblème de Demetrio CANEVARIUS.

428. LA DISCRITTIONE DE l'ASIA ET EUROPA di papa Pio II. *Venise*, 1544, in-8, mar. rouge, comp. (*Rel. anc.*) 1500 »

Elégante reliure italienne portant l'emblème de D. CANEVARIUS.

429. EPISTOLÆ DIVERSORUM PHILOSOPHORUM ORATORUM. *Venise*, *Alde*, 1499, in-4, mar. brun, comp. (*Rel. anc.*) 3500 »

Exemplaire portant le nom, la devise et les armes de MARC LAURIN, amateur célèbre, émule des Grolier, Maioli, etc.

430. CICERONIS ORATIONES. *Paris*, *Vascosan*, 1537-1549, 2 vol. in-4, veau fauve, comp. en mosaïque. (*Rel. anc.*) 2000 »

Très belles reliures avec les armes et le nom de Louis de SAINTE-MAURE, marquis de Nelle.

431. ANTIQUITEZ DE LA GAULE BELGIQUE, par Richard de Wassebourg. *Paris*, 1549, petit in-fol., veau, comp. de mosaïque. (*Rel. anc.*) 3500 »

Somptueuse reliure en mosaïque, avec les armes et la devise du duc de CROY.

7

432. PLATONIS... OPERA. *Bâle*, 1561, in-fol., mar. vert, riches dorures à la fanfare. (*Rel. anc.*) 3000 »

Superbe reliure aux armes de J.-A. de THOU.

433. PRECATIONES EX VETERIBUS ORTHODOXIS DOCTORIBUS.. recognitæ per A. Musculum. *Leipzig*, 1575, in-12, comp. à la fanfare. (*Rel. anc.*) 1000 »

Reliure aux armes de J.-A. de THOU.

434. AQUATILIUM ANIMALIUM HISTORIÆ. Hippolyto Salviano auctore. *Rome*, 1554, in-fol., pl., mar. vert, comp. de mosaïque, dorures. (*Rel. anc.*) 6500 »

Admirable reliure de la Renaissance aux armes de l'abbesse ANNE DE THOU.

435. LES ŒUVRES DE M. DE VOITURE. *Paris*, 1650, in-4, mar. rouge. (*Rel. anc.*) 1000 »

Aux armes du cardinal MAZARIN, à qui l'exemplaire fut présenté.

436. ELOGES HISTORIQUES DES CARDINAUX ILLUSTRES par le P. H. Albi. *Paris*, 1644, in-4, mar. rouge. (*Rel. anc.*) 500 »

Aux armes du cardinal MAZARIN.

437. LES AMOURS DE TRISTAN. *Paris*, 1638, in-4, mar. rouge, riches dorures. (*Rel. anc.*) 1200 »

Riche reliure de *Le Gascon* portant le chiffre de Nic. FOUQUET au milieu des plats.

438. LA FRANCE MÉTALLIQUE par Jacques de Bie. *Paris*, 1634, in-fol., reliure fleurdelisée. (*Rel. anc.*) 1000 »

Figures de médailles. Riche reliure aux armes du chancelier SÉGUIER.

439. LE TRESOR DES MERVEILLES DE LA MAISON ROYALE DE FONTAINEBLEAU. Par le R. P. Pierre Dan. *Paris*, 1642, in-fol., fig., mar. rouge. (*Rel. anc.*) 500 »

Beau volume relié par *Le Gascon*, aux armes du chancelier SÉGUIER.

440. APPIANI ALEXANDRINI ROMANARUM HISTORIARUM. *Amsterdam*, 1670, 2 vol. in-8, mar. rouge, comp. (*Rel. anc.*) 4000 »

Très-élégante reliure de *Le Gascon*, aux armes et chiffre de Elie DU FRESNOY.

441. LE NOUVEAU TESTAMENT DE NOSTRE SEIGNEUR JÉSUS-CHRIST. *Mons*, 1667, 2 vol. pet. in-8, mar. rouge, comp. (*Rel. anc.*) 3500 »

Traduction faite par les jansénistes de Port-Royal, imprimée par les *Elzevier d'Amsterdam*. Elegante reliure de *Le Gascon* aux chiffre et armes de Elie DU FRESNOY.

442. L. ANNÆI FLORI HIST. ROM. *Leyde*, *Elzevier*, 1655, in-8, mar. rouge, comp. (*Rel. anc.*) 3000 »

Très-élégante reliure de *Le Gascon* aux chiffre et armes de Elie DU FRESNOY.

443. HISTOIRE DU CARDINAL XIMENÈS, par Esprit Fléchier. *Paris*, 1693, in-4, mar. rouge. (*Rel. anc.*) 1000 »

Exemplaire tiré sur GRAND PAPIER aux armes de FLÉCHIER.

444. BIBLIA SACRA. *Paris*, 1652, 10 vol. pet. in-8, mar. bleu. (*Rel. anc.*) 7500 »

Superbe exemplaire de LONGEPIERRE. Rèliure remarquable par sa qualité.

445. ŒUVRES DE RACINE. *Paris*, 1702, 2 vol. in-8, mar. bleu, doublé de mar. rouge. (*Rel. anc.*) 5000 »

Exemplaire aux insignes de LONGEPIERRE.

446. SOPHOCLIS TRAGÆDIÆ SEPTEM. *Venise*, *Alde*, 1502, in-8, mar. rouge, doublé de mar. bleu passé. (*Rel. anc.*) 4000 »

Exemplaire exquis aux insignes de LONGEPIERRE.

447. L. A. FLORII RERUM ROMANARUM LIBRI IV. *Leyde*, 1648, in-8, mar. bleu. (*Rel. anc.*) 1000 »

Aux insignes de LONGEPIERRE.

448. IL PASTOR FIDO, tragi comedia pastorale di B. Guarini. *Paris*, 1650, in-4, mar. rouge. (*Rel. anc.*) 1000 »

Aux insignes de LONGEPIERRE.

449. C. SALLUSTII CRISPI OPERA. *Leyde*, 1659, in-8, mar. bleu. (*Rel. anc.*) 1000 »

Aux insignes de LONGEPIERRE.

450. NOVI TESTAMENTI LIBRI OMNES. *Oxford*, 1675, in-8, mar. citron, doublé de mar. rouge. (*Rel. anc.*) 1000 »

Aux insignes de LONGEPIERRE.

451. C. C. TACITUS. *Amsterdam, J. Blaeu*, 1649, 2 vol. in-12, mar. citron. (*Rel. anc.*) 500 »

Aux insignes de LONGEPIERRE.

452. ŒUVRES DE RACINE. *Londres*, 1723, 2 vol. in-4, fig., mar. bleu. (*Rel. anc.*) 2000 »

Edition illustrée par *Chéron*.
Exemplaire aux armes du comte d'HOYM.

453. ŒUVRES DE MONSIEUR DE LA FONTAINE. *Anvers*, 1726, 3 vol. in-4, portr., mar. bleu. (*Rel. anc.*) 1800 »

Première édition sous le titre d'Œuvres.
Exemplaire aux armes du comte d'HOYM.

454. CL. CLAUDIANI QUÆ EXSTANT. *Leyde, Elzevier*, 1650, 2 vol. in-12, mar. bleu. (*Rel. anc.*) 1500 »

Aux armes du comte d'HOYM. Très-fine reliure de *Padeloup*.

455. QUINTI HORATII FLACCI PŒMATA. *Paris, Henri Estienne* (1577), in-8, mar. bleu. (*Rel. anc.*) 1000 »

Aux armes et chiffre du comte d'HOYM.

456. C. C. SALUSTII HISTORIOGRAPHI CLARISSIMI. *Paris. Simon de Colines*, 1543, in-8, mar. bleu. (*Rel. anc.*) 1000 »

Aux armes et chiffre du comte d'HOYM.

457. T. LUCRETII CARI DE RERUM NATURA. *Oxford*, 1695, in-8, mar. bleu. (*Rel. anc.*) 750 »

Armes et chiffre du comte d'HOYM.

458. M. T. CICERONIS OFFICIORUM. *Paris, Rob. Estienne*, 1543, in-8, mar. rouge, doublé de mar. rouge. (*Rel. anc.*) 500 »

Reliure de *Boyet*. Aux armes du comte d'HOYM.

459. M. T. CICERONIS DE PHILOSOPHIA. *Paris, Rob. Estienne*, 1543, 2 vol. in-8, mar. rouge, doublés de mar. rouge. (*Rel. anc.*) 500 »

Reliure de *Boyet*. Aux armes du comte d'HOYM.

460. DANTE. *Lyon*, 1571, in-16, mar. citron. (*Rel. anc.*) 500 »

Aux armes du comte d'HOYM.

461. DESCRIPTION GÉOGRAPHIQUE, HISTORIQUE, POLITIQUE ET PHYSIQUE DE L'EMPIRE

DE LA CHINE, par le P. du Halde. *Paris*, 1735, 4 vol. in-fol., pl., mar. rouge, dent. (*Rel. anc.*) 1000 »

GRAND PAPIER. Riche reliure aux armes de M. de SARTINES.

462. LES PRÉJUGÉS DU PUBLIC par Denesle. *Paris*, 1747, 2 vol. pet. in-8, mar. bleu, dent. (*Rel. anc.*) 1500 »

Très-jolie reliure de *Derome* aux armes de L. Phelypeaux de Saint-Florentin, duc de LA VRILLIÈRE.

463. RECUEIL DE COMÉDIES ET BALLETS représentés sur le Théâtre des Petits Appartements. *Paris*, 1748-1753, 5 vol. in-8, veau. (*Rel. anc.*) 800 »

Pièces de théâtre jouées à Versailles et à Bellevue, par Madame de Pompadour et la noble troupe dont elle était directrice.

Les trois premiers volumes portent les armes du duc de MONTMORENCY-LUXEMBOURG.

464. HISTOIRE CIVILE ET POLITIQUE DE LA VILLE DE REIMS, par M. Anquetil. *Reims*, 1756, 3 vol. in-12, front., mar. rouge, dent. (*Rel. anc.*) 1500 »

Très jolie reliure de *Dubuisson* aux armes de JOLY DE FLEURY.

465. TRAITÉ ABRÉGÉ DE PHYSIQUE, par

M. de Saintignon. *Paris*, 1763, 6 vol. in-8, mar. rouge, dent. (*Rel. anc.*) 850 »

Jolie reliure aux armes du maréchal d'ESTRÉES.

466. DEI DELITTI E DELLE PENE (per Beccaria). *Paris*, *Didot*, 1780, in-8, mar. rouge, larges dentelles. (*Rel. anc.*) 2500 »

Exemplaire imprimé sur VÉLIN dans une très-jolie reliure de *Derome* aux armes de PÂRIS DE MEYZIEU.

467. HISTOIRE DE TERTULLIEN ET D'ORIGENES. Par le sieur de La Motte. *Paris*, 1675, in-8, mar. rouge. (*Rel. anc.*) 500 »

Exemplaire de la duchesse de LESDIGUIÈRES, née Retz.

468. HISTOIRE DE LA CONQUESTE DU MEXIQUE ou de la Nouvelle Espagne, par Fernand Cortez, traduit de l'espagnol de Ant. de Solis. *Paris*, 1704, 2 vol. in-12, mar. bleu, doublé de mar. rouge. (*Rel. anc.*) 5000 »

A l'extérieur les chiffres, à l'intérieur les armes de Madame de CHAMILLART.

469. HISTOIRE DES GUERRES D'ITALIE par messire Fr. Guicciardin. *Paris*, 1577, in-fol., mar. rouge. (*Rel. anc.*) 1000 »

Aux armes de Madame de CHAMILLART.

470. ŒUVRES DIVERSES de Jean-Baptiste Rousseau. *Amsterdam*, 1726, 4 tomes

reliés en 3 vol. in-8, mar. rouge. (*Rel. anc.*) 500 »

Edition complète avec les épigrammes libres. Aux armes de la COMTESSE DE VERRUE.

471. LE CHEF D'ŒUVRE D'UN INCONNU, poème de Themiseul de Saint Hyacinthe. *La Haye*, 1714, in-12, mar. rouge. 500 »

Aux armes de la comtesse de VERRUE.

*b.* RELIURES SANS ARMOIRIES.

472. RELIURE EN VELOURS ORNÉE D'ÉMAUX, in-4. 1500 »

Cette reliure comprend quatre émaux champlevés limousins du XIII^e siècle, représentant les quatre évangélistes et un saint personnage exécuté de même façon, le tout appliqué sur une boîte, en forme de livre, recouverte de velours rouge.

473. DIONE, HISTORICO DELLE GUERRE ET FATTI DI ROMA, tradotto per Nic. Leoniceno. *Venise*, 1533, in-4, mar. citron, comp. en mosaïque. (*Rel. anc.*) 2000 »

Reliure en mosaïque semblable à celles qui portent le nom de Grolier.

474. REIGLES GENERALES DE L'ARCHITECTURE sur les cinq manières d'edifices selon la

doctrine de Vitruve (par Serlio). *Anvers*, 1545, in-fol., pl., veau fauve, comp. de mosaïque, entrelacs de filets dorés et argentés. (*Rel. anc.*) 3000 »

Somptueuse reliure du XVI^e siècle d'un beau style et d'un grand caractère.

475. LA COLTIVATIONE DE LUIGI ALAMANNI. *Paris*, 1546, in-8, mar. bleu, comp. (*Rel. anc.*) 1500 »

Très-élégante reliure du seizième siècle.

476. BIBLIA SACRA veteris et novi Testamenti juxta Vulgatam. *Paris*, 1558, in-fol., veau brun, dorures et comp. de mosaïque. (*Rel. anc.*) 2000 »

Superbe reliure du XVI^e siècle.

477. LE TIMÉE DE PLATON, translaté en français par Loys le Roy. *Paris*, 1581, in-4, mar. vert, dorures. (*Rel. anc.*) 6500 »

Exemplaire dans une éclatante reliure *à la fanfare*, si bien conservée qu'elle paraît sortir des mains du relieur.

478. CICERONIS OPERA. *Paris, Rob. et Henri Estienne*, 1543-1559, 9 vol. in-8, mar. rouge, comp. (*Rel. anc.*) 6000 »

Exemplaire dont les volumes sont couverts de dorures exécutées par les *Eve*. Chaque volume est d'un dessin différent, mais l'aspect général est uniforme.

479. Ciceronis. Rhetoricorum. De inventione. De oratore, etc. *Venise*, *Alde*, 1514, in-8, mar. vert, riches dorures. (*Rel. anc.*) 4000 »

Exemplaire imprimé sur vélin. Riche reliure *à la fanfare*. Signatures de Ph. Desportes et de Ballesdens sur le titre.

480. Coustumes des duché, bailliage, prevosté d'Orléans. *Orléans*, 1583, in-4, mar. rouge, comp. (*Rel. anc.*) 3500 »

Exemplaire imprimé sur vélin.
Superbe reliure *à la fanfare* aux armes de la ville d'Orléans.

481. Recueil des Guerres et Traitez d'entre les roys de France et d'Angleterre, par du Tillet. *Paris*, 1588, in-fol., mar. vert, dorures et comp. de mosaïque. (*Rel. anc.*) 3500 »

Très-belle reliure *à la fanfare* du XVIe siècle.

482. Biblia Sacra. *Anvers*, *C. Plantin*, 1583, in-fol., mar. rouge, comp. de mosaïque. (*Rel. anc,*) 2500 »

Cette Bible superbement illustrée est considérée comme le chef-d'œuvre de *Plantin*.
Splendide exemplaire recouvert d'une magnifique reliure à compartiments de mosaïque qui doit avoir été exécutée dans l'atelier de *Plantin*; cette reliure peut être placée à côté des plus belles reliures exécutées par les *Eve*.

483. VERIDICUS CHRISTIANUS. Auctore P. J. David. *Anvers*, *Plantin*, 1606, in-4, mar. rouge, dorures. (*Rel. anc.*) 1500 »

Nombreuses et jolies figures en taille-douce. La reliure *à la fanfare* est très remarquable et a été exécutée dans l'officine de *Plantin*.

484. L. A. SENECÆ PHILOSOPHI OPERA OMNIA. *Leyde*, *Elzevier*, 1640, 3 vol. in-12, mar. rouge, dorés en plein. (*Rel. anc.*) 4000 »

Reliure de *Le Gascon* d'une qualité exceptionnelle.

485. MISSALE ROMANUM. *Cologne*, 1629, in-fol., mar. rouge, comp. de mosaïque de mar. vert et citron. (*Rel. anc.*) 2500 »

Ce missel, somptueusement illuminé et relié, a été exécuté pour l'église d'Autun.

La reliure qui est l'œuvre de *Le Gascon* ou d'un de ses émules rappelle par son dessin les parterres des jardins français du XVII^e siècle.

486. DESCRIPTION DE TOUTE L'ISLE DE CYPRE, par le R. P. Estienne de Lusignan. *Paris*, 1580, in-4, mar. bleu, comp., tr. dor. (*Rel. anc.*) 1500 »

Très-belle reliure de *Le Gascon* semblable à celles qui recouvrent les livres reliés pour Louis XIII et Anne d'Autriche.

487. L. ANNÆUS FLORUS. *Leyde*, *Elzevier*,

1638, in-12, mar. rouge doré en plein. (*Rel. anc.*) 1000 »

Jolie reliure de *Le Gascon*.

488. TITI PETRONII ARBITRI SATYRICON. *Amsterdam*, 1669-1671, in-8, mar. rouge, doublé de mar. rouge, dent. (*Rel. anc.*) 1500 »

Merveilleuse reliure de *Boyet*, d'une étonnante conservation.

489. MÉMOIRES D'ESTAT, par M. de Villeroy. *Paris*, 1665, 4 vol. in-12, mar. vert, doublé de mar. rouge. (*Rel. anc.*) 1200 »

Ces mémoires présentent une grande importance pour l'histoire, leur auteur ayant été secrétaire d'Etat sous Henri II, Charles IX, Henri III, Henri IV et Louis XIII.

Exemplaire relié par *Boyet*.

490. LES PSEAUMES DE DAVID, traduits en vers françois. *Paris*, 1684, in-8, mar. rouge, doublé de mar. rouge. (*Rel. anc.*) 1000 »

Très-jolie reliure de *Du Seuil*, avec riches dorures.

491. LES OFFICES DES ROGATIONS, de l'Ascension, de la Pentecôte, etc. *Paris*, 1721, in-8, mar. doublé. (*Rel. anc.*) 2500 »

Jolie reliure en mosaïque à compartiments de *Padeloup*.

492. HEURES NOUVELLES tirées de la Sainte Ecriture. Ecrites et gravées par L. Senault. *Paris*, (1720), in-8, mar. vert, dent. et comp. de mosaïque. (*Rel. anc.*) 1500 »

Intéressante reliure en mosaïque exécutée par *Padeloup* ou *Dubuisson*.

493. SULPITII SEVERI HISTORIA SACRA. *Leyde, Elzevier*, 1643, in-12, mosaïque de mar. noir et citron, dorures. (*Rel. anc.*) 1200 »

Reliure de *Padeloup*.

494. ORLANDO INNAMORATO composto gia dal S. Matteo Maria Boiardo. *Venise*, 1545, in-4, mar. bleu, larges dentelles. (*Rel. anc.*) 1200 »

Reliure de *Derome* d'une rare qualité.

495. DEBURAU. Histoire du théâtre à quatre sous par J. Janin. *Paris*, 1832, in-8, mar. vert. (*Bauzonnet.*) 750 »

Exemplaire unique, imprimé sur VÉLIN pour M. Armand Bertin.

La reliure est ornée de filets poussés par *Bauzonnet*, le maître des filets.

496. LES ANGOISSES ET REMÈDES D'AMOURS de Jean Bouchet. *Lyon, Jean de Tournes*, 1550, in-16, mar. bleu doré en plein. (*Trautz-Bauzonnet.*) 650 »

Figures sur bois. Copie exacte des reliures à la *Marguerite*.

497. LES ŒUVRES POÉTIQUES DE M. BERTAUT. *Paris*, 1620, in-8, mar. doublé. (*Trautz-Bauzonnet.*) 500 »

Très-jolie reliure avec semis de fleurs à l'intérieur.

498. L'AMOUR DES LIVRES par J. Janin. *Paris*, 1866, in-8, mar. rouge. (*Trautz-Bauzonnet.*) 500 »

Exemplaire imprimé sur VÉLIN.
Jolie reliure à filets.

499. LES SOUHAITZ DU MONDE. (*Paris*, 1520), in-8 goth., mar. doublé. (*Joly.*) 500 »

Charmante reliure en mosaïque.

500. LA RELIURE FRANÇAISE (ARTISTIQUE). — LA RELIURE FRANÇAISE, COMMERCIALE ET INDUSTRIELLE, par MM. Marius-Michel. *Paris*, 1880-1881, 2 vol. in-4, pl., mar. fauve, comp. en mosaïque, doublé de mar. fauve. (*Marius-Michel.*) 1500 »

Exemplaires exceptionnels tirés sur PAPIER VERGÉ, avec les planches en plusieurs états.
Le premier volume est recouvert d'une somptueuse reliure copiée sur une reliure du XVIe siècle.

# EXTRAIT

DU

# CATALOGUE DES PUBLICATIONS

de la

LIBRAIRIE D. MORGAND

## LA COLLECTION DUTUIT

LIVRES ET MANUSCRITS

In-folio orné de 42 planches hors texte en noir et en couleurs, et de 70 planches dans le texte. . . . . . . . . . . . . . . . . PRIX : 200 fr.

Description raisonnée d'une des plus remarquables bibliothèques qui existent en France. Tiré à 350 exemplaires.

## LES GRAVEURS DU XVIII$^{e}$ SIÈCLE

Par MM. le Baron ROGER PORTALIS et H. BERALDI.

3 vol. in-8. . . . . . . . . . . . . PRIX : 90 fr.

## LA BATAILLE DE ROCROY

Par Henri d'Orléans, duc d'Aumale.

Un beau vol. in-4 orné de 10 compositions dont 8 gravées à l'eau-forte en couleurs par *Ad. Lalauze*, d'après les aquarelles de *Alph. Lalauze* . . . . . . . . . . . . . . . Prix : 250 fr.

(*Publication de la Société des Bibliophiles françois*).

---

## LA JOURNÉE DE FONTENOY

Par le Duc de Broglie.

Un beau vol. in-4 orné de 14 figures gravées à l'eau-forte en couleurs par *Ad. Lalauze*, d'après les aquarelles de MM. *Adolphe* et *Alphonse Lalauze* . . . . . . . . . . . . . . . Prix : 500 fr.

---

## ILLUSTRATIONS
### POUR LE THÉATRE DE MOLIÈRE.

Dessinées et gravées à l'eau-forte
par Ed. Hédouin.

Suite de 36 estampes . . . . . . Prix : 80 fr.

# ILLUSTRATIONS

**POUR LES ŒUVRES DE ALFRED DE MUSSET.**

Aquarelles par Eug. Lami,
Eaux-fortes par Ad. Lalauze.

Suite de 59 estampes . . . . . . Prix : 100 fr.

# TABLE

www.ingramcontent.com/pod-product-compliance
Ingram Content Group UK Ltd.
Pitfield, Milton Keynes, MK11 3LW, UK
UKHW021107220726
13924UKWH00004B/1562

9 782019 92461